Kleine Universitätsgeschichte Greifswald

von

Hannelore Kuna

Bibliografische Information der Deutschen Nationalbibliothek:

Die Deutsche Nationalbibliothek verzeichnet diese Publikation in der Deutschen Nationalbibliografie; detaillierte bibliografische Daten sind im Internet über dnb.d-nb.de abrufbar.

Kleine Universitätsgeschichte Greifswald

von Hannelore Kuna

2. veränderte und erweiterte Auflage
ISBN: 978-3-942916-01-1

Haff-Verlag, Dr. Edwin Kuna, Grambin

INHALT:

1. Gründung der Alma Mater Gryphis waldensis

Die Gründung der Universität Greifswald war das wichtigste kulturelle Ereignis im 15. Jahrhundert in Pommern. Die heute altehrwürdige Alma Mater sicherte sich bald einen ehrenvollen Platz in der deutschen Universitätslandschaft, den sie sich doch im Laufe ihrer langen Geschichte immer wieder erringen musste. Die Greifswalder Universitätsgründung war nach Prag 1348, Wien 1365, Heidelberg 1385, Köln 1388, Erfurt 1392, Würzburg 1402, Leipzig 1409 und Rostock 1419 zugleich die neunte Gründung einer deutschen „Hohen Schule“, wie seinerzeit geschrieben wurde. Durch die päpstliche Erteilung eines *studium generale* bekam sie die Möglichkeit über die Grenzen einer Landesuniversität hinaus sich zu entfalten, dabei stand sie ohne jedwede Einschränkung auf die Nationalität allen Mitgliedern der Christenheit offen.

Bedeutende Persönlichkeiten und historische Ereignisse bewirkten dabei zunächst ihre

Entstehung als akademische Hochschule in Pommern. Vermutlich erzielte auch eine vorangegangene fünfsemestrige Universitätsgeschichte der Stadt Greifswald eine nicht unwesentliche Wirkung. Denn von 1437-1439 mussten Rostocker Universitätsprofessoren unter dem Druck des Baseler Konzils und Papst Eugens IV. die geächtete und gebannte Stadt Rostock verlassen, so begannen sie auf eine vorübergehende Zeit in Greifswald zu lehren.

Wohl wichtigster Förderer der akademischen Gründung war der pommersche Landesfürst westlich der Swine. Herzog Wartislaw IX. von Pommern-Wolgast beantragte Sommer 1455 mit einer Bittschrift in Rom die Gründung einer pommerschen Landesuniversität für Greifswald. Nur der Papst war nach geltendem Recht befugt eine Universität ins Leben zu rufen. Papst Calixtus III. ordnete daraufhin ein Prüfungsverfahren an, er beauftragte den Bischof von Brandenburg damit ein neutrales Gutachten zu erstellen. Zu dieser Entscheidung bewogen ihn insbesondere lautstarke Einwendungen der Herzöge von Mecklenburg und der Stadt Rostock, die sich gegen eine zweite und sehr nahe Universität an der Ostsee wehrten.

Nach einem wohlwollenden Gutachten des Bischofs von Brandenburg, stellte der Papst 1456 den Stiftungsbrief für die Universität Greifswald aus, den der Bischof von Kammin, Henning Iven, öffentlich verkündete. Der. 17. Oktober 1756 gilt als Gründungstag der Universität.

Mit der päpstlichen Bulle erhielt Greifswald das Privilegium zum *studium generale*, die Einrichtung aller vier Fakultäten wurde von Anfang an gestattet und die Lehrkräfte erhielten die Zusicherung an allen Universitäten, ohne neue Prüfung, unterrichten zu dürfen. Zum ersten Kanzler wurde der Kamminer Bischof bestellt, Bürgermeister Heinrich Rubenow wurde Vizekanzler sowie erster Rektor und Herzog Wartislaw für die Dauer seines Lebens Vizedominus.

Bürgermeister, Ratsherren und die gesamte Bürgerschaft von Greifswald erklärten sich bereit, die notwendige Fürsorge für Unterbringung und materiellen Unterhalt der Universität zu tragen und deren zukünftige Angehörige achtungsvoll zu behandeln.

Am 17. Oktober 1456 eröffnete Bischof Henning Iven in Begleitung hoher geistlicher Würdenträger und in Anwesenheit von Herzog Wartislaw IX. die Universität mit einem gottesdienstlichen Festakt in St. Nikolai. Die Festpredigt hielt der Franziskaner Werner Vermann, mit einer Fürbitte auf die Stadt Greifswald und den Landesfürsten von Pommern-Wolgast. Der wiederum übergab Heinrich Rubenow als Vizekanzler und erstem Rektor zwei silberne Zepter als Zeichen seiner zukünftigen Amtsgewalt. Rektor Heinrich Rubenow nahm auf den Aufbau des Lehrbetriebes, bis zu seiner Ermordung 1463, großen Einfluss. Als ständiger Vertreter des Bischofs besaß Rubenow entscheidenden Einfluss auf Doktor- und Magisterpromotionen und als Vertreter des Herzogs entwickelte Rubenow eine eigene Personalpolitik, denn ihm stand das Recht zu, Lehrkräfte zu bestallen oder zu entlassen. Rubenow zählte zu den herausragenden Universitätslehrern jener Anfangsphase.

Die Universität eröffnete den akademischen Lehrbetrieb im Wintersemester 1456/57 mit 120 Studenten. Vom Eröffnungssemester 1456 bis zum Wintersemester 1462/63 kamen junge Leute, wie sollte es auch anders sein, überwiegend aus Pommern-Wolgast. Von etwa 210 eingeschriebenen Pommern jener ersten 13 Semester waren 120 Scholaren links der Swine zu Hause, während 40 aus den Herzogtümern Pommern-Stettin und Stolp, einschließlich Bistum Kammin, stammten. Die anderen etwa 200 Studenten kamen aus dem Ausland: Mecklenburg, Brandenburg, Holstein, Dänemark, Schweden, Baltikum, Polen, Lausitz oder Schlesien.

2. Wirtschaftliche Ausstattung – der größte Landbesitzer unter den Hochschulen

Von den Anfängen bis in die heutige Zeit hinein war die Finanzausstattung eine existenzielle Angelegenheit für die Universität. War die Gründung der Alma Mater durch mächtige Männer über die Landesgrenzen hinaus zustande gekommen - zum Wohle des pommerschen Herzogtums und natürlich als Lebenswerk Einzelner, so war allen klar, ohne finanzielle Ausstattung wird das Werk nicht gelingen. Die Liste der Förderer und Vertreter der Universität ist im Laufe ihrer Geschichte lang geworden. Heinrich Rubenow, der erste Rektor, unterstützte die Universität z. B. aus seinem eigenen Privatvermögen (Stralsunder Orbede). Er forderte Unterstützung von den Klöstern Eldena, Neuenkamp, Pudagla und Stolpe in Form von Naturalprodukten oder Geldmitteln.

Auch der fürstliche Landesherr unterstützte die Universität mit etlichen Steuerhebungen aus seinen Dörfern. Er wies zu ihrem Gedeihen Bede und Hundekorn aus den Dörfern Wampen, Hennekenhagen und Kyz sowie Leest zu und schenkte ihr die Kirchenpatronate von Demmin, Görmin und Grimmen. Wichtig war die Umgestaltung von St. Nikolai in Greifswald zur Kollegiatkirche um 1455, dessen Kanoniker waren durch wohlwollende Stiftungen reich mit Geldmitteln und Landbesitz ausgestattet und neben ihren gottesdienstlichen Verpflichtungen für St. Nikolai wirkten sie dann als Lehrer beim Studium generale.

Auch die Stadt Greifswald war von Anfang mit der Universität verbunden, der Rat stellte Gebäude für die „Hohe Schule" zur Verfügung, spendete jährlich 1000 Mark aus der Stadtkasse und übergab sein Patronat über die Kirchen zu Gristow und Reinberg sowie der Heiligengeistkirche am Steinbecker Tor. Große Hoffnungen waren mit dem ansehnlichen Gedeihen der Universität verbunden.

Eine weitere bedeutende Ausstattung veranlasste Herzog Philipp I. (1515-1560) im Jahr 1558. Er ließ der Universität jährlich 1000 Gulden aus dem säkularisierten Kloster Neuenkamp und „4 Last oder 32 Drömt Korn und eine halbe Tonne Butter für die Ökonomie aus Eldena" zugute kommen, was man des „Hertogen Philipps Donation" nannte. Außerdem begünstigte Herzog Philipp die Wissenschaft mit Abtretung jährlicher domanialer Einkommen aus Kirchen von Rügen für 200 Gulden (= rügenscher Kanon aus Altenkirchen, Garz, Gingst, Kasnewitz, Patzig, Poseritz und Wiek), was seine Söhne Ernst Ludwig und Philipp Julius 1563 um 300 Gulden weiter aufstockten.

Die größte materielle Ausstattung erhielt die Universität durch den letzten Pommernherzog Bogislaw XIV. (1580-1637), zum Ausgleich für erlittene finanzielle Ausfälle und materiellen Schäden im Dreißigjährigen Krieg. Die Ausstattung bestand aus zwei Schenkungen zu 2 Terminen. Zunächst wurde 1626 das Gut Grubenhagen mit den Dörfern Pansow, Weidenhagen und Subzow sowie der Schulzenhof Weidenhagen übergeben. 1634 erhielt die Universität im Grunde das gesamte Klosteramt Eldena (24 Dörfer mit 14000 Hektar landwirtschaftlicher Nutzfläche) zum Nutzen übertragen, Bogislaw behielt nur noch wenige Privilegien in diesen Orten für sich vor. Der neue Grundbesitz bekam den Namen akademisches Amt Eldena. Der letzte Pommernherzog äußerte in der Schenkungsurkunde den Wunsch, dass nach seinem Ableben jede nachfolgende Regierung die Dotation aufrechterhalten möge. Sowohl die Schweden (von 1648-1820) als auch die Preußen (1820-1945) taten dies.

Allerdings musste zunächst mit der herzoglichen Schenkung von 1634 auch der erhebliche Schuldenberg des Klosteramts mit übernommen werden, doch die Hoffnung war nicht unbegründet, dass bei guter Wirtschaftsführung der Güterbesitz für kommende Generationen entsprechenden Gewinn abwerfen würde. Doch durch die unruhigen Zeiten war das Risiko groß, dass aus Gläubigern erst einmal Schuldner werden konnten.

Und eben das trat ein. Die Kriegszeiten des 17. Jahrhunderts verhinderten den wirtschaftlichen Aufschwung des Amtes Eldena, 1646 lag das Amt im Rückstand mit 46.000 Gulden. Königin Christina (1626-1689) und Karl XII. (1682-1718) unterstützten die pommersche Landesuniversität zusätzlich aus Staatsmitteln, damit die Professoren überhaupt noch Gehälter bekamen und ihre Familien ernähren konnten. Von angemessener Vergütung konnte keine Rede sein, wenn man die 13 Greifswalder Professorengehälter mit Besoldungen an anderen deutschen Universitäten verglich. 1702 erhielt ein Professor im schwedisch-pommerschen Greifswald 200 Reichstaler Jahresgehalt, dagegen im preußischen Halle und Frankfurt a. O. oder an der Universität Uphal im Mutterland Schweden durchschnittlich 500 Reichstaler. Außer den Professorengehältern waren die Besoldung des Rektors, Struktuarius (Ökonom) oder Sekretarius zu bewerkstelligen. Weiterhin mussten der akademische Drucker, der Buchbinder und Torfstecher bezahlt werden und Zuschüsse erhielten der Ratsdiener für

Einziehung städtischer Pacht zugunsten der Universität, der Torwärter am Mühlentor, Nachtwächter, Gassenreiniger, Scharfrichter, oder der Schornsteinfeger usw. Hinzu kamen weitere Ausgaben für Baukosten wegen Reparaturen oder Neubauten an Universitätsgebäuden. Die Liste der jährlichen Ausgaben war schier unendlich lang, denn die Universität war ein großer Arbeitgeber.

Erstmals waren die Eldenaer Güter wohl zur Visitation 1702 entschuldet, aber mit dem auf Vorpommern übergreifenden Nordischen Krieg Anfang 18. Jahrhundert, gab es wieder herbe wirtschaftliche Rückschläge. Nachhaltig entspannte sich die wirtschaftliche Situation ab Mitte des 18. Jahrhunderts.

Bis 1775 verwalteten Rektor und Konzil den Grundbesitz. Dann übertrug die schwedische Regierung dem Kanzler die gesamte Güterverwaltung, der wiederum später durch einen preußischen Kurator ersetzt wurde. Bis etwa 1870 konnte sich die Universität aus dem umfangreichen Landbesitz durch Pachteinnahmen sowie von Legaten, Stiftungen oder Gebühren finanzieren. Danach musste sie staatliche Zuschüsse für ihren Unterhalt einfordern, nicht zuletzt um der modernen akademischen Entwicklung in Deutschland standzuhalten.

Bis 1945 besaß die Universität 10.785 Hektar Ländereien, von denen 2.544 Hektar an Einzelbauern in den Dörfern Boldekow, Dietrichshagen oder Hanshagen beispielsweise und 8.241 Hektar an Gutspächter in Alt Ungnade und Eldena verpachtet waren. Der Universitätsforst belief sich auf 3.367 Hektar Wald.

Die Greifswalder Universität blieb bis zur Enteignung durch die Bodenreform im Land Mecklenburg-Vorpommern vom 5. September 1945 die größte Grundbesitzerin unter allen deutschen Universitäten.

3. Das Hauptgebäude - Vom Kollegium Ernestinum zum Kollegium Fridericianum

Die Universität verfügte anfangs über keinen zentralen Unterrichts- oder Verwaltungsbau. Das Universitätsleben spielte sich im westlichen Teil der Neustadt ab, von Stadtbürgern wurden Häuser abgekauft oder man übernahm beispielsweise vom ehemaligen Dominikanerkloster überlassene Räume, so dass Vorlesungen und Disputationen abgehalten werden konnten und erste Wohnunterkünfte für Studenten geschaffen wurden. Erst am Ende der Regierungszeit von Herzog Ernst Ludwig (1545-1592) von Pommern-Wolgast plante man einen zentralen Universitätsbau.

Am 18. Mai 1591 wurden alte Gebäude abgerissen, um am 22. Juni mit dem Neubau zu beginnen, der am 7. August 1597 eröffnet wurde. Allerdings dauerte es dann noch über 20 Jahre bis zum völligen Abschluss. Der Architekt ist unbekannt geblieben, doch es ist überliefert, dass der Herzog selbst die Bauzeichnung zu dem Kollegiengebäude anfertigte. Dieser Bau erhielt dann auch seinen Namen.

Der sogenannte Ernst-Ludwig-Bau war eine lang gestreckte dreigeschossige Anlage mit der Hauptachse in Ost-West-Richtung. Am südöstlichen Ende des Putzbaus sprang ein schmaler Vorbau heraus, dem sich nach Westen hin ein Treppenturm auf quadratischem Grundriss anschloss. Das Kollegiengebäude nahm Hörsäle, Bibliotheksraum, Konzilsaal und Professorenwohnungen auf. Kunsthistorisch zählte der Universitätsbau von 1591 zu den wenigen besonderen Großbauten der küstenländischen Renaissance.

Nach fast 160 Jahren reichte das erste Hauptgebäude für die akademischen Bedürfnisse nicht mehr aus und war teilweise baufällig geworden. Der Neubau wurde dem Baumeister und Wissenschaftler Andreas Mayer (1716-1782) übertragen. Er war gebürtiger Nürnberger, hatte in Wittenberg Mathematik und Physik sowie in Berlin Astronomie studiert, dann kam er nach Greifswald und verstand es hervorragend Wissenschaft und

Praxis miteinander zu verbinden, indem er hier auch ein anerkannter Baumeister wurde.

Den Bauplan für einen dreigeschossigen Universitätsbau mit Mansarddach fertigte Andreas Mayer selbst an. Am 7. Mai 1747 wurde mit dem Abbruch des alten Mittelteils durch verpflichtete Amtsuntertanen und zusätzlichen Tagelöhnern begonnen und darauf am 3. August die Grundsteinlegung vollzogen. Am 11. September 1747 konnten Rektor und Konzilium schon entgegennehmen, dass die erste Etage fertig sei. Maurermeister Gaepeln verarbeitete insgesamt 304278 Mauersteine. Das notwendige Baumaterial wurde aus den besten Ziegeleien Vorpommerns bezogen und musste per Kahn oder Prahm mitunter von weit her herangeschafft werden. Beispielsweise lieferte 40500 Mauer-, 9800 Gesims- und 14000 Dachsteine die Kronziegelei Bellin bei Ueckermünde, 8500 Mauer- und 9500 Dachsteine fertigte die Ziegelei Klüne auf Usedom und weitere 68500 sowie noch mal 15000 Mauersteine produzierten die Ziegeleien von Sekeritz und Nehringen. Tonnenweise benötigte man Kalk zum Innen- und Außenputz, der aus Quitzin bei Anklam oder von der schwedischen Insel Gotland kam sowie 20 Schiffsladungen mit Gips für die Decken- und Stuckateurarbeiten wurden verarbeitet.

Nach nicht ganz drei Jahren Bauzeit erfolgte am 28. April 1750 pünktlich zum Geburtstag des schwedischen Landesherrn, König Friedrich (1676-1751), die feierliche Einweihung.

Das neue Kollegiengebäude war ein Prunkstück der Universität geworden. Andreas Mayer hatte den Grundriss des Vorgängerbaus neu aufgeteilt und gemäß den ästhetischen Prinzipien des Barocks, mit strenger Mittelachse, an die sich beiderseits alle Räume reihen, gegliedert. Das mittlere Bauteil wird über alle 3 Etagen durch Großräume beherrscht: im Erdgeschoss das Auditorium maximum und darüber der eindrucksvolle Bibliothekssaal über 2 Etagen. Den Flügelenden waren Professorenwohnungen und dem östlichen Gebäudeende das Archiv mit Kreuzgratgewölbe vorbehalten.

Die ehemalige Hauptfront war die Südseite zum Hof und sie ist durch einen dreiachsigen

Risalit mit reichem Wandschmuck mittebetont. Die vorspringenden zwei Treppenhäuser sind eine Veränderung der Jahre 1866/68. Die Nordseite (heutige Hauptfront) wurde ähnlich, aber flächiger und schlichter gestaltet und wurde 1831/32 klassizistisch verändert. Im Giebelfeld sichtbar sind zwei wilde Männer, die das preußische Wappen stützen, dass 1815 anstelle des ursprünglichen dort angebrachten schwedischen Wappens eingefügt wurde.

Zu den wesentlichen Veränderungen im Innern des Gebäudes zählen die Umgestaltung des Bibliothekssaals zur heutigen Aula um 1882 und die Einrichtung von Verwaltungsräumen in neuerer Zeit. In der Aula tragen 24 marmorierte Holzsäulen eine Galerie, weiterhin bilden an den Wänden Professorenbildnisse aus dem 17. und 18. Jahrhundert sowie ein Gedenkstein mit Relieffigur für Herzog Ernst Ludwig würdige Rahmung für den Festsaal.

Prof. Mayer bekam für den prächtigen Bau viel Lob, aber mehr noch Tadel, man warf ihm eine Überteuerung der Kosten vor durch eigenmächtige Umgestaltung des ursprünglichen Plans, wobei Rektor und Kommission nicht gefragt wurden. Alles schien zu prächtig eingerichtet und zu großzügig: Sämtlicher Zierrat, Vergoldungen, Malereien, auch Bild- und Steinhauerarbeiten fanden nicht den Beifall. Tatsächlich aber wurde dieses Universitätsgebäude eine bemerkenswerte Baumeisterleistung mit nachhaltiger Wirkung, auch über die Landesgrenzen hinaus. Inzwischen ist es ein kunsthistorischer Anziehungspunkt der Stadt Greifswald und immer noch und vor allem Mittelpunkt des Wissenschaftsbetriebs der Alma Mater.

4. Bibliothek

Die heutige Universitätsbibliothek entstand über einen langen Zeitraum von 400 Jahren und war stets anerkannter notwendiger Bestandteil des Wissenschaftsbetriebs. Gleichwohl dauerte es seine Zeit bis man den Aufbau einer wissenschaftlichen Bibliothek mit stattlichem Bücherbestand und entsprechenden Räumlichkeiten vorweisen konnte. Tatsächlich liegen die Anfänge der Bibliothek beim ersten Rektor der Alma Mater Heinrich Rubenow. Testamentarisch ließ er seine private Büchersammlung der juristischen Fakultät zuführen, seinem hohen Ansehen folgten weitere Schenkungen und Nachlässe von Professoren für die Artistenfakultät, so dass zwei Fakultätsbibliotheken entstanden waren, deren Spuren sich aber bis zur Reformation verlieren. Im Jahr 1604 wurde der Grundstock zu einer bleibenden Bibliothek gelegt: Am 16. April 1604 erhielt der Buchhändler Samuel Selfisch aus Wittenberg von der Greifswalder Universität den Auftrag Bücher für 2000 Gulden verteilt über Jahrzehnte zu liefern. Dieses Auftragsdatum gilt als offizielles Gründungsdatum der Universitätsbibliothek für alle vier Fakultäten.

Bis Mitte 18. Jahrhundert stand kaum ein fester finanzieller Etat zur Verfügung. Die Geldmittel für Bücherankäufe blieben mehr oder weniger zufällig, kamen aus dem Fonds des akademischen Amts Eldena, aus anteiligen Studien- und Promotionsgebühren, von staatlichen Einmalzuschüssen oder aus privaten Stiftungen, wie aus den Legaten der ehemaligen Rektoren Jakob und Friedrich Runge, von Balthasar Rhau, Friedrich Gerschow oder durch Albert von Wakenitz. Wenn Geld so zusagen angespart war, wurden bedeutende Gelehrtenbibliotheken komplett aufgekauft, so beispielsweise 1743 die 3400 Bände des Juristen Christian H. Nettelblatt für 2100 Taler, mit denen man den Gesamtbücherbestand der Universitätsbibliothek verdoppelte.

Bis 1815 umfasste die Bibliothek ca. 40.000 Bände an Druck- und Handschriften, ohne Disputationen und Dissertationen. Viele dieser Bände enthielten als Konvolute Einzeldrucke, so dass die Gesamtzahl an Titeln auf 150.000 geschätzt wurde. Der inhaltliche Schwerpunkt der Literatur lag naturgemäß bei den historischen und philosophischen Disziplinen; naturwissenschaftliche und medizinische Fachbücher sowie generell Neuerscheinungen, wurden noch weniger erworben. Das änderte sich erst im Verlauf des 19. Jahrhunderts mit der enormen Entwicklung und dem Bedürfnis nach modernen Naturwissenschaften.

Allerdings profitierte der ständige Bücherzuwachs von der gesetzlichen Pflichtablieferung für Neuerscheinungen zugunsten der Universitätsbibliothek, die teilweise schon im 18. Jahrhundert eingerichtet worden war und bis 1952 bestand hatte.

Der Bestandszuwachs an Büchern erforderte eine notwendige wissenschaftliche Ordnung und Registratur, um sie überhaupt für Leser nutzbar zu machen. Große Verdienste um die Inventarisierung und Katalogisierung erwarb sich der Bibliothekar Johann Carl Dähnert (1719-1785), der die Einrichtung von 1747 bis 1785 leitete und neu organisierte. Im Ergebnis legte Dähnert ein Inventarium mit Standortbezeichnung vor und erarbeitete einen alphabetischen und systematischen Katalog, der 1775/76 in 300 Exemplaren (zu je der Bände mit 4282 Seiten) gedruckt und verbreitet wurde.

Dähnert hatte sich um die inhaltlichen Fragen der Bibliothek redlich gemüht, blieb nun das ewig währende Problem nach einer angemessenen Räumlichkeit. Bis Ende des 19. Jahrhunderts befand sich eine Saalbibliothek in den jeweiligen Kollegiengebäuden. Im zweiten Hauptgebäudebau (von 1754) bildete der barocke Bibliothekssaal über zwei Etagen, oben mit einer Galerie und hinaufführender Treppe, auch den repräsentativen Mittelpunkt des Hauses.

Unter Leitung und persönlicher Initiative des Oberbibliothekars Professor Theodor Hirsch kam endlich der Bau eines eigenen Bibliotheksgebäudes zustande. Nach einem Projekt von Martin Gropius (1824-1880) entstand in den Jahren 1880 bis 1892 in der Rubenowstraße ein repräsentativer Backsteinbau mit Magazin, Hausdienerwohnung, Mitarbeiterräumen und einem Lesesaal mit 20 Plätzen. Gropius hatte den Auftrag bereits 1874 erhalten, plante aber für Greifswald zu großzügig, so dass sich die Berliner Baubehörde mit Kürzungen und Einsparungen am Projekt fast vier Jahre Zeit ließ. Als Gropius 1880 im Jahr des Baubeginns verstarb, leitete sein Partner Schmieden die Bauausführung. 1882 erfolgte der Umzug der Bibliothek mit 120.000 Bänden, aber trotzdem herrschte weiterhin Platzmangel, so dass schon 1891/92 ein Erweiterungsbau vorgenommen wurde. Damit konnte das ewig währende Problem des Platzmangels aber auch nicht vollständig geklärt werden. 1956-58 erfolgte ein unterkellerter Anbau, der nun endlich auch Raum für einen großzügigeren Lesesaal mit 70 Plätzen brachte und 1998 wurde zusätzlich ein Kompaktmagazin am Schießwall neben der Mensa geschaffen.

Eine zukunftsträchtige Lösung brachte erst die im Herbst 2001 neu erbaute Bibliothek am Berthold-Beitz-Platz. Diese moderne Einrichtung (Fächer: Rechts- und Wirtschaftswissenschaften, Psychologie, Naturwissenschaften, Medizin) kann etwa 1,3 Millionen Bücher und Zeitschriften aufnehmen, die zum großen Teil auch als frei zugängliche Buchbestände nutzbar sind, sie bietet für die Benutzung 500 Lese- und Arbeitsplätze, 28 Einzel- und Gruppenräume und 16 Multimediaplätze.

Traditionelle Katalogschränke sind durch moderne PCs ersetzt worden, die Zugang zu weltweiter Informations- und Literaturrecherche bieten. Individuelle Recherche wird durch bibliothekarisch qualifizierte Mitarbeiter auf an Infotheken unterstützt.

Jüngst entstand die Bereichsbibliothek (Fächer: Geisteswissenschaften, Theologie) auf dem Campus Löfflerstraße, für 256 Benutzerarbeitsplätze mit LAN und WLAN eingerichtet. Davon sind 20 Arbeitsplätze mit PCs ausgestattet, 12 Einzelcarrels und 3 Gruppencarrels mit je 6 Arbeitsplätzen. Zusätzlich stehen 13 OPAC-PCs für die Recherche in den Katalogen zur Verfügung.

5. Akademische Kunstschätze

Die Greifswalder Universität verfügt aufgrund der Jahrhunderte langen Tradition heute über bedeutende Kunstschätze, die ihre Anziehungskraft auf den Betrachter nicht verfehlen und die auf prachtvolle Art ein Stück Universitätsgeschichte begleitet haben. So besaß die Universität wichtige Hoheitsrechte wie die akademische Gerichtsbarkeit und das Graduierungsrecht, denen entsprechende Hoheitszeichen verliehen wurden. Zu ihnen gehörten die Amtsinsignien des Rektors mit einem Mantel und vier Szeptern. In späterer Zeit, in der zweiten Hälfte des 19. Jahrhunderts, kamen eine goldene Halskette und ein Ring hinzu. Alle frühen Greifswalder Rektorinsignien weisen Verbindungen zum pommerschen Herzogshaus auf.

Älteste Amtsinsignien sind das große Szepterpaar von 1456 und das kleine Szepterpaar von 1459/1547. Donator der großen spätgotischen 112 cm langen Szepter, in Silber und zum Teil vergoldet, war Herzog Wartislaw

IX. (1400-1457). Das Hoheitszeichen wurde von Heinrich Rubenow, erster Rektor der Universität, im Auftrag seines Herzogs in Arbeit gegeben und kostete seiner Zeit 75 rheinische Gulden. Aufgrund der Ähnlichkeit mit französischen Königsstäben und englischen Szeptern ist eine westeuropäische Goldschmiedearbeit anzunehmen.

Das kleine Szepterpaar in Silber schenkten drei Jahre nach Eröffnung der Alma Mater die Äbte der Klöster Eldena, Neuenkamp und Pudagla sowie Rubenow und andere Hochschullehrer der Universität gemeinsam. Bereits nach einigen Jahren musste ein Silberstab repariert und nach 90 Jahren wegen Verlust ersetzt werden. Vermutlich stand das kleine Szepterpaar mehr in Benutzung als die großen Szepter und wurde außer vom Rektor noch von anderen leitenden Akademikern gebraucht.

Zu akademischen Feierlichkeiten, wie zu Amtseinführungen, war ein Rektortalar in Gebrauch. Der erste Rektormantel existiert nicht mehr und ist nur noch durch Abbildung auf dem großen Universitätssiegel und durch das Votivbild „Rubenowtafel“ von 1460 (im Dom St. Nikolai) bekannt. Der sehr an Wissenschaft und Kunst interessierte Herzog Philipp Julius (1584-1625) spendete 1619 einen neuen, kunstvoll gestickten spanischen Radmantel, der bis 1845 getragen wurde. Der rote Seidensamtmantel mit reicher Gold- und Silberstickerei und kunstvoll gestalteten heraldischen Darstellungen und Motiven ist eine Arbeit des Stralsunder Perlenstickers Heinrich Möller. Nach einer Überlieferung wurde angenommen, dass die Gemahlin von Philipp Julius, die aus dem brandenburgischen Haus stammende Herzogin Agnes (1584-1629), an der Ausführung der Stickerei beteiligt gewesen sein soll.

1854 erhielt die nun älteste Universität im Königreich Preußen eine neue Rektoramtstracht aus Berlin. Obgleich der alte Rektortalar aus dem 17. Jahrhundert als historische Vorlage diente, konnte die neue Ausführung die Gemüter nicht zufrieden stellen. Schönheit und Feinheit der ursprünglichen Handwerkskunst konnten nicht wieder erreicht werden. Daher sorgte Friedrich Wilhelm IV.

(1795-1861) dafür, dass der alte Umhang „wie bisher so auch ferner sorgsam konserviert“ und zur jeweiligen Inauguration angelegt werden konnte. Diese historische Tradition wurde zeitweise unterbrochen und ab 1990 wieder aufgenommen.

Zum weiteren Kunstbesitz der Universität zählt die Gemäldesammlung aus fünf Jahrhunderten. Sie umfasst über 150 Bilder von fürstlichen und königlichen Personen, von Professoren sowie von Landschaften und sonstigen Motiven. Ältestes Gemälde der akademischen Sammlungen ist das um 1510 auf Holz gemalte Madonnenbild „Maria auf der Fensterbank“. Eine der jüngeren Erwerbungen stammt aus dem Jahr 1993, ein vom Greifswalder Prof. Maler Martin Franz geschaffenes Porträt des ehemaligen Rektors Zobel (1928-2000).

Mit einem Bestand von 17 fürstlichen, königlichen und kaiserlichen Porträts besitzt die Universität bildliche Darstellungen ihrer Landesherren bzw. von herrschaftlichen Personen, die mit der Alma Mater in Verbindung standen. Zum Teil hinterließen Monarchen

Porträts zum Andenken an ihren Aufenthalt in Greifswald, wie bei Herzog Adolf Friedrich IV. von Mecklenburg-Strelitz (1738-1794) oder dem schwedischen König Gustav III. (1746-1792). Zu den überhaupt seltenen Bildnissen von pommerschen Frauen aus früheren Jahrhunderten gehören die Bilder von sieben pommerschen Prinzessinnen. Die Herkunft dieser kleinformatigen Ölmalereien ist bislang unbekannt.

Die Professorenbilder machen den Hauptteil der Sammlung aus. 1690 wurde erstmals ein Gelehrtenporträt angeschafft. Unter dem Rektorat des Juristen Augustin von Balthasar (1701-1786) erfolgte die systematische Sammlung der „Imagines defunctorum Professsorum". Eine Reihe von Bildnissen Greifswalder Gelehrter hat einen würdigen Platz in der prächtigen Aula der Universität gefunden.

6. Croy-Fest und Croy-Teppich

Das Croy-Fest und der Croy-Teppich haben ihren Namen nach den letzten Nachfahren aus dem Greifengeschlecht erhalten. Der Stifter war Herzog Ernst Bogislaw von Croy (1620-1684). In Vinstigen (Lothringen) geboren, war er der Neffe des letzten Pommernherzogs Bogislaw XIV. Nach dem frühen Tod seines Vaters, Herzog Ernst v. Croy und Arschot, erhielt der junge Prinz durch seine Mutter Anna von Croy (1590-1660) und dem Onkel Bogislaw XIV. in Stettin eine fürstliche Erziehung und stetige geistige Förderung. Bogislaw bestimmte ihn 1633 zu seinem Nachfolger als Bischof von Kammin.

Nach dem Besuch der Universität Greifswald ab 1634 und der damit verbundenen Bekleidung des dortigen Ehrenrektorats, übernahm der junge Herzog im Jahr 1637 das ihm zugedachte hohe Kirchenamt. Der Westfälische Frieden von 1648 führte zur Auflösung des Bistums, der amtierende Bischof von Kammin erhielt eine Entschädigung von 100000 Talern.

Ernst Bogislaw von Croy lebte danach auf dem herzoglichen Schloss in Stolp (Hinterpommern), dem Witwensitz seiner Mutter und später bis zu seinem Lebensende in Königsberg.

Als 1660 mit Anna von Croy, das letzte direkte Mitglied der Greifenfamilie, starb, veranstaltete die Universität Greifswald am 22. Oktober 1663 ihr zu Ehren eine große Gedenkfeier. Die Alma Mater erwies dem Herzogsgeschlecht als ihrem Gründer, Ausstatter und Förderer, damit die Dankbarkeit.

Bogislaw von Croy griff Jahre später den Gedanken wieder auf und stiftete nun eine immer wiederkehrende Gedächtnisfeier für alle Zeiten, die als das Croy-Fest in die Geschichte einging. Mit Schreiben vom 16. März 1680 bat er die Universität, alle 10 Jahre am Todestag seiner Mutter (7. Juli) eine würdige Gedächtnisfeier auszurichten. Zur Bestreitung der Kosten überwies Ernst Bogislaw der Stadt Stralsund ein Kapital, von welchem anlässlich der jeweiligen Feierlichkeiten einhundert Taler Zinsen ausgezahlt werden sollten.

Die Königlich Schwedische Regierung bewilligte diese Feier mit Datum vom 27. April 1680. Darauf konnte die Universität dem Herzog mitteilen, dass sie die Festlichkeit künftig übernehmen werde, woraufhin der Herzog wiederum seinen Dank am 7. Juni 1680 abstattete.

Seit dem 7. Juli 1680 bis heute fanden in der Universitätsgeschichte insgesamt 30 Croy-Feiern statt. Auf Initiative der Universität wurden außerdem wiederholt die Gemälde Herzogs Ernst von Croy und seiner Gemahlin sowie das Epitaph von Herzogin Mutter Anna (Abschrift der Grabaufschrift aus der Kirche zu Stolp) und ein kleinerer Teppich (Esterteppich) aus dem Nachlass der Herzogin Anna öffentlich ausgestellt.

In der DDR fand die historische Tradition der Croy-Feste keine Fortsetzung.

1992 fassten Rektor und Senat der Universität den Beschluss, die inzwischen über 300 Jahre alte Tradition der Croy-Feiern wieder zu beleben und künftig weiterzuführen. Das

Croy-Fest wurde im gleichen Jahr am 26. Oktober veranstaltet und inzwischen das 30. Fest im Jahr 2010 begangen.

Mit dem ersten Fest 1680 ließ Ernst von Croy testamentarisch für die Zukunft verfügen, bei jeder Feier zur Erinnerung an das pommersche Herzogshaus aus seinem Erbe wertvolle Kunstgegenstände auszustellen. Dabei sollten der Siegelring (Bogislaw XIV.) sowie die kostbare Halskette bei entsprechender Festrede vom Rektor persönlich getragen werden. Der wertvollste Kunstgegenstand aus dem Erbschatz ist seither der große Gobelin aus der Reformationszeit, der inzwischen als Croy-Teppich berühmt ist. Allerdings konnte der Wandteppich erstmals 1710 gezeigt werden. 1680 befand er sich noch im Besitz derer von Croy und nach seinem Tod war der Kurfürst von Brandenburg nicht bereit, den wertvollen Gobelin und andere kostbare Kleinodien aus dem pommerschen Herzogshaus an die Universität Greifswald auszuliefern. Greifswald lag zu der Zeit in Schwedisch-Pommern, und politisch waren das Königreich Schweden und

Kurfürstentum Brandenburg ernsthafte Rivalen um die Vorherrschaft in Nordeuropa. Erst durch geschickte diplomatische Verhandlungen des schwedischen Gesandten Johann Baron von Rosenhane (1710 verstorben) am preußischen Hof, gelangte die Universität 1707 in den Besitz des Croyschen Erbes.

Dabei hat der Gobelin als bemerkenswerter Kunstgegenstand des Herrscherhauses seine eige-ne und besondere Geschichte. Auftraggeber des Wandteppichs war Herzog Philipp I. (1515-1560) und so wurde der Gobelin durch den „herzoglichen Tapetmacher" Peter Heymanns zu Stettin in blauen, gelben bis braunen Farbtönen um 1555 in Auftrag gegeben und angefertigt. Er erhielt einen repräsentativen Platz im Residenzschloss zu Wolgast. Der Wollteppich mit den imponierenden Ausmaßen von 6,90 x 4,46 m bzw. 30 m^2 stellt ein Bekenntnis zur lutherischen Reformation dar und zeigt die Verbindung zwischen dem pommerschen Herzogshaus und dem alten angesehenen sächsischen Kurfürstenhaus. Beide Dynastien verbanden sich durch die am 27. Februar 1536 in Torgau durch Martin Luther (1483-1546) auf Schloss Hartenfels vollzogene Heirat Philipps mit Maria von Sachsen (1515-1583), der Tochter des Kurfürsten Johann des Beständigen (1468-1532) und zugleich Schwester Johann Friedrich des Großmütigen (1503-1554).

Die obere und untere Rahmenleiste wurde besonders gewirkt, beide enthalten jeweils historische Inschriften, oberhalb zur Religion und Einführung der Reformation in Pommern und unterhalb stehen die Namen der dargestellten Persönlichkeiten. Im großen Bildteil sind insgesamt 23 bedeutende, damals lebende Personen einschließlich beider Fürstenhäuser und unmittelbare Ahnen durch eindrucksvoll gewebte Porträts dargestellt. Hinter der rechten Gruppe der sächsisch-ernestinischen Fürstenlinie steht Melanchthon (1497-1560), links hinter den pommerschen Fürsten und ihren Gattinnen der pommersche Reformator Bugenhagen und vor der Gruppierung die Kinder von Philipp und Maria.

Den Bildmittelpunkt bildet Martin Luther, von der Kanzel predigend. Ebenso eindrucksvoll sind die Landeswappen Pommerns und Sachsens sowie die vielen einzelnen Wappen ihrer Landesteile in bemerkenswerter Kunsthandwerklichkeit in Wolle und Seide mit Gold- und Silberfäden gewebt.

Die ursprüngliche Bezeichnung des Teppichs lautete „Die taufe Christi“, deren Darstellung rechts oben Anfang 19. Jahrhundert herausgeschnitten und gestohlen wurde. 1891-1894 wurde der Teppich im Berliner Kunstgewerbemuseum Berlin unter Leitung von Julius Lessing restauriert und diese (fehlende) Stelle wurde durch eine Inschriftkartusche zu seiner Entstehungsgeschichte ersetzt.

Seit 2005 hat der berühmte Croy-Teppich seinen Platz im neuen Pommerschen Landesmuseum in Greifswald erhalten und ist damit für die Öffentlichkeit zugänglich.

7. Wissenschaftliche Sammlungen

Wie über bedeutende Kunstschätze verfügt die Universität auch über hervorragende wissenschaftliche Sammlungen. 6 Museen und 17 wissenschaftliche Lehr- und Forschungssammlungen aus Geistes- und Naturwissenschaften sowie der Medizin repräsentieren heute die Arbeit Greifswalder Wissenschaftler aus Vergangenheit und Gegenwart.

Die Objekte wurden zumeist von Wissenschaftlern zusammengetragen, geordnet und gepflegt und für die Ausbildung der Studenten verwendet. Nicht selten waren es anfangs rein private Initiativen einzelner Wissenschaftler, manchmal war auch die Sammelleidenschaft auf weiten Privatreisen entscheidender Motor und erst später griff mit Anwachsen der Sammlung auch die Unterstützung der Universitätsleitung oder der Institute.

Eindrucksvoll ist die archäologische Studiensammlung des Instituts für Altertumswissenschaften, die aus zwei großen Kollektionen besteht, den Gipsabdrücken antiker Skulpturen sowie aus den sogenannten Greifswalder Antiken.

Insbesondere die Ausgrabungen in Herculaneum und Pompeji in den dreißiger Jahren des 19. Jahrhunderts schürte eine allgemeine Antikenbegeisterung, die nicht nur die Wissenschaft erfasste, sondern auch in die Alltagskultur mit den klassizistischen Motiven für Keramik, Porzellan, Wanddekorationen, Kaminsimsen und Möbelintarsien einging.

Otto Jahn (1813-1869) legte 1843 den Grundstein zu einer Sammlung von Gipsabgüssen nach antiken Originalen, die den Studenten der klassischen Archäologie anstelle originaler Skulpturen als Anschauungsmaterial dienen sollte. 1852 wurde sie unter dem Namen „Akademische Kunstsammlung" offiziell ins Leben gerufen und dann durch Neuerwerbungen stetig vergrößert. Im noch erhaltenem Inventarverzeichnis sind 131 Abgüsse von Statuen aufgeführt, darunter überwiegend bekannte Werke wie der Apoll von Belvedere, die Laokoongruppe oder die Nike von Samothrake sowie

131 Nachbildungen von antiken Köpfen und Büsten und 116 Reliefs. Weiterhin ist eine stattliche Anzahl an Abgüssen von Gemmen und Münzen verzeichnet.

Die Greifswalder Antiken sind im Wesentlichen originale Gefäße und Gefäßfragmente aus griechischer und römischer Zeit. 1893 brachte erstmals der junge Greifswalder Archäologe Erich Pernice (1864-1945) Scherben aus Mykene und Athen von seinen Reisen mit. Er hatte gerade seine Ausgrabungen in der Athener Nekropole „Kerameikos" beendet. Sein Direktor August Preuner (1832-1906) war davon so begeistert, dass später ein Dutzend gut erhaltener griechischer Vasen angekauft wurden. Bis 1897 wurde die Sammlung auf dreihundert Gefäßteile erweitert, die Paul Hartwig (1859-1919), ein in Rom lebender Archäologe aus Pirna, zusammengetragen hatte.

Als Pernice dann 1903 die Leitung der „Akademischen Kunstsammlung" in Greifswald übernahm, wurde sie neu geordnet und erstmals der Öffentlichkeit zugänglich gemacht. Der Ankauf weiterer Originale und

Abgüsse, sowie die Aufnahme eines leider heute verschollenen antiken Münzkabinetts, zwangen zur Erweiterung der Räumlichkeiten. Ab 1929 mussten die Gipse provisorisch in eine Eisenbahnerwerkstatt ausgelagert werden, 1944 wurden sie nach Niederhof geschafft. Nach dem Krieg nach Greifswald zurückgeführt, versäumte man aber die Restaurierung und in den sechziger Jahren wurden sie endgültig vernichtet.

Glücklicherweise blieben die Greifswalder Antiken erhalten. Sie überstanden unversehrt die Kriegszeit, wurden 1945 ausgelagert und dann in der Universität Göttingen aufbewahrt. In den fünfziger Jahren gelang es dem damaligen Leiter des archäologischen Instituts, Erwin Bielefeld (1907-1975), von den Nachkommen Pernices erhaltene Antiken zu erwerben und durch Neueinkauf einen bescheidenen Anfang zu machen. 1989 erhielt die Universität die Sammlung aus Göttingen wieder zurück, wo sie jetzt mit den Erwerbungen der Nachkriegszeit, in dem 1995 neu gegründeten Institut für Altertumswissenschaften wieder aufgestellt werden konnte.

Eine zweite bedeutende wissenschaftliche Samm-lung vorgeschichtlicher Altertümer befindet sich am Institut für Vor- und Frühgeschichte, die anfangs „Sammlung vaterländischer Altertümer“ hieß. Sie enthält Bodenfunde aus allen Abschnitten der Vor- und Frühgeschichte Vorpommerns. Der große Fundus reicht von Gegenständen aus der Späteis- und Eisenzeit bis zu mittelalterlichen Zeugnissen des Greifswalder Stadtlebens.

Die Gründung der Sammlung begann um 1823. Durch umfangreiche Ausgrabungen in den folgenden Jahren, u. a. bei der Klosterruine Eldena, erweiterte sich die Kollektion. Eine erste wissenschaftliche Bearbeitung erfuhren die Bestände ab 1865 durch den Professor für Geschichte Theodor Pyl (1826-1904). Unter Leitung von Wilhelm Petsch wurde in den zwanziger Jahren die Sammlung umbenannt in „Sammlung vorgeschichtlicher Altertümer“. Petsch führte zahlreiche Grabungen im vorpommerschen Raum durch.

Ende des 2. Weltkrieges wurden Teile der wertvollen Sammlung ausgelagert und sind bis auf Ausnahmen nicht wieder aufgefunden worden. Von der Universität Kiel gelangten einige damals gesicherte Objekte wieder zurück.

Für wissenschaftliche Sammlungen ist auch das Institut für Anatomie (und Zellbiologie) der Universität berühmt. Initiator der anatomischen Kollektion war Andreas Westphal (1720-1788). Die vergleichend-anatomische Sammlung repräsentiert Skelette von Fischen, Reptilien, Vögeln und Säugetieren. Bemerkenswert ist ein Delfinskelett von einem im Greifswalder Bodden gestrandeten Tier. Innerhalb dieser Sammlung existieren zwei ständige Ausstellungen über die phylogenetische Entwicklung des Gebisses und der von Gliedmaßen.

Die human-anatomische Sammlung widmet sich dem Aufbau des menschlichen Körpers auf der Basis von Körperteilen und einzelner Organe und ist nach dem Prinzip der systematischen Anatomie aufgebaut. Den studentischen Unterricht in Vorlesung und Seminar veranschaulichten schon frühzeitig Modelle aus Gips, Wachs und Kunststoff.

Seit 1855 befindet sich die Ausstellung im Institutsgebäude Friedrich-Löffler-Straße 23 c, sie wurde durch Ankäufe und Schenkungen ständig erweitert und nimmt bis jetzt eine Fläche von 350 m² ein. Beide Sammlungen sind heute für Studenten als Selbststudienkabinett eingerichtet. Außerdem gibt es für Interessenten auch Führungen am Haus.

8. Der botanische Garten

In der gesamten Bundesrepublik existieren gegenwärtig 53 botanische Gärten. Allein in Mecklenburg-Vorpommern gibt es 2 Anlagen in Greifswald und Rostock, die wie alle botanischen Gärten den Universitäten angehören. Die Einrichtungen sind hauptsächlich der wissenschaftlichen Lehre und Forschung verpflichtet, stehen darüber hinaus der Öffentlichkeit durch regelmäßige Besuchszeiten, Führungen, Ausstellungen und einer Botanikschule weitgehend zur Verfügung.

Der botanische Garten der Universität beherbergt gegenwärtig mit allen Bereichen: Gewächshausanlage, Freigelände und Arboretum etwa 8000 Pflanzenarten in Kultur. Der beachtliche Pflanzenbestand wird vorwiegend durch Samen- und Pflanzentausch mit 400 ähnlichen Gärten und Institutionen auf der ganzen Welt erhalten und ständig erweitert.

Die Gründung des botanischen Gartens von Greifswald geht auf das Jahr 1763 zurück. Die Motive zur Anlegung eines Gartens waren einerseits wissenschaftlicher Natur und entsprachen andererseits einem hohen Repräsentationsbedürfnis der damaligen Universitätsleitung.

Ein Jahrzehnt nach Fertigstellung des Universitätshaupthauses (Kollegiengebäude um 1750) sollte der prachtvolle Barockbau an der Südseite durch Gärten verschönert werden. Die königlich schwedische Regierung gab hierfür einen Erlass bekannt. An dem Gebäude direkt anschließend wurden drei Höfe angelegt, die von einer Mauer umgeben wurden. Ästhetisch entsprachen sie dem architektonischen Gliederungsprinzip des Kollegiengebäudes – betontes Mittelrisalit mit zwei Seitenflügeln. Der mittlere Gartenteil mit streng symmetrischer Hauptachse, Orangerie und Gärtnerhaus wurde als zeitgemäße Rokokoidylle angelegt und erinnerte an die französische Schlossarchitektur. Die seitlichen Teile waren besonders für eine Rosenzüchtung vorbehalten. Hecken wurden in ornamentalen Formen gepflanzt, Bäume wurden zu Obelisken oder Pyramiden; Sträucher zu Kugeln oder Kegeln geschnitten. Hecken wiederum zu Mauern oder überwölbten Gängen gezogen usw. Von Anbeginn zeichnete zeitgemäße gärtnerische Meisterschaft die gesamte neue Anlage aus.

Nach Süden bis zur Stadtmauer schloss sich in der ganzen Breite der botanische Garten mit fremdländischen Gewächsen im Freiland und in Treibhäusern an, wiederum in strenger Symmetrie zur Hauptachse angelegt und damit als Fortsetzung der Bauarchitektur mit gärtnerischen Mitteln gestaltet.

Dieser botanische Gartenteil mit fremdländischen Gewächsen diente hauptsächlich wissenschaftlichen Zwecken, insbesondere für die Medizin, Pharmazie und Botanik, er hieß anfangs „hortus medicus" und später „hortus academicus". Vor der Anlegung des Gartens konnten Professoren und Doktoren den Studenten nur zeitaufwendige Exkursionen in die Natur anbieten, um medizinisches, pharmazeutischen und botanisches Wissen zu festigen bzw. zu erweitern.

Erster Gartenarchitekt war Magister Samuel Gustav Wilcken (1736-1790). Er stammte aus Wismar, wo sein Vater Prediger war, und studierte von 1752 bis 1756 unter der Leitung der berühmten Linné in Upsala. 1756 studierte er Theologie in Rostock, 1759 in Kiel und Helmstedt, 1760 in Bützow und Greifswald, wo er im gleichen Jahr zum Doktor der Philosophie promovierte. Er hielt seit 1762 Vorlesungen über Botanik und verteidigte 1764 seine zweite Dissertation zur Theologie. Zu Ende des Jahres gab er den botanischen Garten an seinen Nachfolger Dr. Kölpin ab, um einen Ruf als Pastor nach Altenkirchen zu folgen.

Erster angestellter Gärtner an der Universität war B. Lemcke, der mit seiner Familie ein Wohnhaus in der Stadt bezog. Um ihn gab es zunächst viel Streit wegen der Stadtsteuern, weil der Magistrat aufgrund einer älteren Vereinbarung Gärtnerarbeit als universitären Dienst nicht anerkannte und demzufolge auch keine finanziellen Vergünstigungen galten. Daraufhin entbrannte zwischen Stadt und Universität ein heftiger Streit.

Wie lange die Gärten auf dem heutigen Universitätshof bestanden, ist nicht datiert. 1815 erfolgte nach der Einebnung des Stadtwalls zwischen Raventurm und Vettentor die Anlegung eines kleinen Englischen Gartens durch den Kunstgärtner Lorgus aus Stralsund. Spätestens seit zweiter Hälfte 19. Jahrhundert mussten die Universitätsgärten wegen neuer Bauten (Physikalisches Institut 1889/91) an dieser Stelle aufgegeben werden.

Prof. Julius Münter entwarf 1862 Pläne zur Verlagerung des botanischen Gartens. Bis 1886 entstand auf einer 2 ha großen Fläche an der Grimmer Straße eine neue Gartenanlage mit Gewächshauskomplex. Diese Glashäuser (Palmen-, Kalt- und Warmhaus) bilden auch heute noch den Kern für die jetzige Gewächshausanlage mit 1400 m² erweiterter Glasfläche. An Gewächshauskulturen sind tropische Nutzpflanzen, wie Palmen, Sukkulenten (hierunter mehrere hundert Kakteen), Palmfarne, Orchideen oder fleischfressende Pflanzen zu sehen, allerdings ist etwa nur die Hälfte der gesamten Glasfläche für Besucher zugänglich. Die Königin der Nacht (Selenicereus grandiflorus), ein abendblühender Kaktus, gehört zu den Attraktionen des

Greifswalder Gartens. Zur Blüte wird das Gewächshaus abends geöffnet.

Im Umfeld der Gewächshäuser befindet sich der Freilandbereich mit den Abteilungen Gewürz- und Heilpflanzen, einem Alpinum (Gesteinsgarten) und dem Paludarium (Wasserpflanzensammlung). Innerhalb des Geländes begegnet man zahlreichen seltenen Gehölzen wie Ölbaum, Lorbeer, Myrte, Korkeiche oder einem Gingkobaum, der als einer der ältesten in Norddeutschland angesehen wird.

1934 wurde mit der Erweiterung des botanischen Gartens am Stadtrand nach Eldena begonnen und somit der Grundstein für das heutige Arboretum in der Friedrich-Ludwig-Jahnstraße gelegt. Auf-grund des Kriegsausbruchs 1939 wurden die Arbeiten unterbrochen und erst in den 50ger Jahren mit umfangreichen Erweiterungen wieder aufgenommen, sodass die gestaltete Fläche heute rund 7 Hektar umfasst.

Die Gehölze im Greifswalder Arboretum wurden nach pflanzengeografischen Gesichtspunkten angepflanzt; Bäume und Sträucher stehen so länder- bzw. regionenspezifisch in Gruppen wie Sibirien, Ostasien und Nordamerika und nach gärtnerischen Kulturformen zusammen. Insgesamt handelt es sich um 1500 verschiedene Arten und Sorten, die sich bei uns im Freiland kultivieren lassen.

1972 kam ein Heidegarten nach gärtnerischer Art mit Erikagewächsen, Heidekraut und zahlreichen Rhododendrenarten hinzu.

9. Ein Karzer für fidele Zeiten

Seit den Anfängen verfügte die Alma Mater über eine Gefängniszelle, ein verschließbarer Raum, in dem Studenten für ihre Vergehen gegen Recht und Gesetz büßen mussten. In Greifswald nannte man die kleine Gefängniszelle einfach Karzer, in Rostock beispielsweise Finkenbauer. Der Karzer befand sich bis 1835 im jeweiligen Hauptgebäude in Benutzung. Bis zu dieser Zeit übte die Universität ihre eigene Gerichtsbarkeit über Universitätsangehörige aus: wie den Professoren, Doktoren, dem Sekretär, Fechtmeister, Tanzmeister, Buchdrucker, den Handwerkern, selbstverständlich auch über Studenten. Sie alle wurden zur Unterscheidung von Stadtbürgern als akademische Bürger geführt, standen mithin unter Schutz und Rechtsgewalt der Universität.

Der letzte Universitätskarzer ist im Hörsaalgebäude Rubenowstraße 1 erhalten und wurde von 1885 bis 1914 genutzt. In einer dunklen Zelle von 9 m² Bodenfläche, mit kleinem

Fenster und kahlen Wänden, sollten die Herren Studenten ihre Missetaten bis maximal 4 Wochen absitzen. Viel Zeit für Meditation und Reue war wohl der erzieherische Zweck.

Zu allen Zeiten wurden von Studenten fleißiges Studieren und gutes Benehmen verlangt. Um dies zu gewährleisten, wurden entsprechende Universitätsstatuten erlassen bzw. Visitations-Rezesse (1772, 1775) verabschiedet. Gegen allerlei Verstöße wurde bestraft wie: unerlaubten Duellierens, Tragen von Waffen, Sittenlosigkeit und Unanständigkeit, zügellose Trunkenheit, Spielen und Wetten, Umgang mit „liederlichen Weibsbildern", Ungehorsam gegen Anordnungen der akademischen Behörden oder wegen Beleidigungen gegen die Universitätsobrigkeit usw. Die Liste war unendlich lang, kein Wunder, das die jungen Herren oft genug die Statuten verkannten.

Häufige Nichtteilnahme an Vorlesungen wurde zu den leichteren Vergehen gezählt und im Allgemeinen mit Geldstrafen geahndet. Erteilte „Strafgelder" zählten fast zu den planmäßigen Universitätseinnahmen und wurden beispielsweise für neue Bücheranschaffungen oder mildtätige Zwecke verwendet. Geht man davon aus, dass die Börsen der Studiosi ewig leer waren, traf den Einen oder Anderen diese leichte Strafe erheblich. Für mittlere Straftaten standen in der Regel schon ein- bis dreitägige Haftstrafen in Aussicht. Sie konnten vom Rektor in Gemeinschaft mit dem Universitätsrichter verhängt werden, wovon noch heute ein umfangreicher Bestand an Gerichtsakten im Universitätsarchiv berichten kann. Bei schwereren Straftaten musste der Senat eingeschaltet werden. Deren letzte juristische Mittel waren die Relegation, eine schimpfliche Verweisung von der Universität und die Exklusion, ein Universitätsausschluss mit Ehrverlust. Beide akademischen Rechtsurteile bedeuteten den endgültigen, unwiderruflichen Ausschluss vom Studium. Die Namen von relegierten oder exkludierten Studenten wurden in der Matrikel gestrichen und die Betroffenen mussten innerhalb von drei Tagen Greifswald verlassen haben, was ebenfalls überprüft wurde.

Auf eine strenge universitäre Gerichtsbarkeit wurde zu allen Zeiten geachtet. Neben wissbegierigen und disziplinierten Studiosi, gab es mitunter recht lebensunerfahrene und widerspenstige junge Leute. Kein Wunder, denn Studenten immatrikulierten sich schon im Alter von 13 bis 14 Jahren, kamen aus unterschiedlichen sozialen Elternhäusern und verschiedenen Ländern zusammen. Im 17. und 18. Jahrhundert war Letzteres entscheidend, man schloss sich in Gemeinschaften nach Nationen mit eigenem strengen Reglement und landestypischen Traditionen zusammen. So bildeten sich friesische, holsteinische (einschließlich Hamburg), märkische, mecklenburgische, pommersche, preußische, schlesische, thüringisch-meißnische oder westfälischen Nationen mit eigenem Selbstbewusstsein, so dass hinlängliche Gründe für Konkurrenz und Machtkämpfe untereinander, Renomiersucht, Beleidigungen und Duelle zuhauf nicht ausblieben.

Da gab es beispielsweise den Studenten Mühlenbruch (1785-1843) aus Rostock, der zum Wintersemester 1802 nach Greifswald kam. Hier musste er sich bald ziemlich schuldlos vor der Universitätsobrigkeit verteidigen. Er geriet in das Visier eines anderen Studenten mit Namen Andreas Christlieb Moriz Fritz, der sich bereits im Sommersemester zuvor in der Greifswalder Studentenschaft großspurig etabliert hatte und den neuen Nebenbuhler aus Rostock vor dem Senat anklagte. Student Mühlenbruch war angeklagt in drei Punkten:

Erstens, sollte er noch in Rostock auf der Universität einen Professor geohrfeigt, zweitens sollte er als Schauspieler ein liederliches Leben geführt und drittens einem Bauern eine fette Gans gestohlen haben. Doch der Student Mühlenbruch verstand es schon sich wie ein gewiefter Jurist vor dem Senat zu verteidigen. Und der Kläger, Student „Fritz“, hatte sich selbst unter falschem Namen in Greifswald immatrikuliert und war der spätere berühmte Turnvater Friedrich Ludwig Jahn (1778-1852). Schließlich wurde Student, „Fritz“, wegen seiner Verleumdungen und noch anderer Delikte, 1803 von der Universität Greifswald exmatrikuliert, entfernt.

Neben dem normalen Studentenkarzer existierte bis 1801 auch ein Magisterkarzer, berichten Akten. Ob es jemals einen Karzer für Professoren gab, ist nicht nachgewiesen.

Nach 1835 gingen strafrechtliche Fälle von Studenten sowie des wissenschaftlichen Personals an das königliche Hofgericht über. Dem Universitätssyndikus blieben nur noch leichte Disziplinarvergehen zur Aburteilung überlassen.

Im Verlauf des 19. Jahrhunderts nahmen es dann auch die „straffällig gewordenen" Studenten mit der Karzerstrafe nicht mehr so ernst. Zahlreich, hinterlassene studentische Malereien, Kritzeleien an Wänden und Decke des Raumes zeugen noch heute von der Persönlichkeit einiger Delinquenten. Denn ab 1888 wurde ihnen das „Haftleben" derart erleichtert, dass sie bei guter Führung zum Mittagessen den Karzer auf 2 Stunden verlassen und gar gegen Erlaubnis bis 20 Uhr Besuch empfangen konnten. Ein gewisser Buby Bliedung gehörte beispielsweise 1911 zu den häufigsten Karzermalern. Er hatte eine Vorstellung im Konzerthaus gestört, leistete 1912

Widerstand gegen die Staatsgewalt, groben Unfug und so weiter.

Der letzte Karzer-Insasse war der Theologiestudent Hans Berkenhagen, der am 18. Juli 1914 „wegen nicht rechtzeitig angenommener Vorlesungen“ 24 Stunden absaß. Der Erste Weltkrieg brachte den Universitätsablauf fast zum Erliegen, danach wurde die Karzerstrafe nicht wieder aufgenommen, da sie keine erzieherische Wirkung mehr zeigte.

Der ehemalige Karzer ist heute ein musealer Raum, der 1990/91 renoviert wurde. Dazu gehörte selbstverständlich die Sicherung der Bemalungen - damit niemand den Karzer vergesse!

10. Frauenstudium

Dass Frauen an der Universität Greifswald studieren konnten, gab es 400 Jahre lang nicht, abgesehen von zwei besonderen historischen Frauengestalten: Margaretha von Ravenna, Rektorentochter um 1500 und Anna Christina Ehrenfried von Balthasar, Professorentochter um 1750. Erst zu Anfang des 20. Jahrhunderts war die Entwicklung in der Gesellschaft soweit vorangetrieben worden, insbesondere durch fortschrittliche Frauen selbst, dass ein Studium für sie wirklich möglich wurde.

Auf Erlass des preußischen Ministers für Unterricht wurden ab Wintersemester 1908/09 endlich Frauen zum Studium zugelassen, damit öffnete auch die Greifswalder Universität ihre Pforten für den Einstieg der Frauen in die Wissenschaft. Diesem Erlass war ein langer steiniger Weg der bürgerlichen Frauenbewegung in ganz Deutschland vorangegangen und es sollte noch ein langer Weg folgen. Denn obgleich jetzt die Möglichkeit zum Studium bestand, bedeutete dies noch lange nicht, dass jetzt auch eine schrankenlose akademische Laufbahn möglich wurde. Der Einstieg in sämtliche damalige akademische Berufe, die bekanntermaßen Männer dominierten, vollzog sich nicht automatisch. In der Zeitung „Pommersche Reichspost" wurde daher ganz bewusst vom „schrittweisen Eindringen der Frauen in alle akademischen Berufe" geschrieben.

Dennoch, die ersten voll immatrikulierten Studentinnen in Greifswald gehörten der Medizin, der Zahnheilkunde und der Philosophie an. Diese Fachbereiche standen ihnen bereits als Gasthörerinnen offen. Dem war vorausgegangen, dass nach einem Erlass des Ministers seit dem Wintersemester 1895/96 Frauen offiziell als Gasthörer zugelassen wurden. Eine nachweislich ausreichende Vorbildung und schriftliche Antragstellung der Kandidatin waren dafür notwendige Voraussetzung. Bereits im Statut der preußischen Universität Greifswald von 1866 hieß es, dass auf Antrag und Zustimmung der jeweiligen Dozenten und des Rektors eine

Teilnahme an akademischen Veranstaltungen erteilt werden könne, allerdings waren Frauen um diese Zeit nicht ausdrücklich aufgeführt. Jede Zustimmung war ein beharrlich erkämpfter Gewinn. Dieser unhaltbare Zustand für Frauen änderte sich um die Jahrhundertwende. Der Besuch der Vorlesungen berechtigte aber nicht zu einem akademischen Abschluss, so dass die Frauen ihre Gasthörerschaft zur persönlichen Weiterbildung nutzten. Meist betraf es gut ausgebildete Lehrerinnen, die an weiterem Grundlagenwissen oder an neuen Erkenntnissen interessiert waren, um sie im Schulalltag anzuwenden. Vergessen wir nicht, es ist die Zeit, in der auch auf sich selbst gestellte bürgerliche Frauen und Mädchen den Lebensunterhalt absichern müssen.

Die ersten Frauen waren mutig, sich in den Hörsaal inmitten männlicher Teilnehmer zu setzen. Das waren zumeist Töchter von Universitätsangehörigen oder ehemaliger Studenten (Lehrer, Pastoren, Juristen, Landes- und Kommunalbeamte oder Kaufleute, von Gutsbesitzer usw.) Natürlich musste der Bildungsanspruch in erster Linie im sozialen Umfeld finanziert werden. Die Frauen waren der ganzen Aufmerksamkeit gewiss, solange es sich um äußerliche weibliche Attribute handelte, ließ man gewähren. Zum Frauenbild um 1900 gehörte die nach Wissen strebende Frau offiziell nicht.

Wie viel Mühe hatte es der männlich dominierten Wissenschaftswelt gekostet, den Nachweis zu erbringen, dass Frauen nicht die geistigen, biologischen und sozialen Voraussetzungen hätten, um nach mehr als dem gut situierten Familienleben zu streben. Den wilden Debatten in der Öffentlichkeit setzten studierwillige Frauen anhaltende Petitionen entgegen, sie ließen sich nicht von ihren Zielen abbringen. Die gesellschaftlichen Institutionen mussten sich den modernen Problemen der bürgerlichen Frauenvereine stellen. Eine wichtige Rolle dabei spielte genau so, dass es schon im Ausland für Frauen bereits möglich war zu studieren.

In der Rede des Rektors Prof. Dr. Gercke 1908, anlässlich der ersten Immatrikulation von Frauen an der Greifswalder Universität, wird diese Tatsache als „umwälzendes Ereignis“ nach 452 Jahren Bestehen der Hochschule gewürdigt.

Wenn die Anzahl auch noch gering war, der Anfang war gemacht! Natürlich musste auch das gesamte soziale Umfeld an der Universität selbst und in der Stadt organisiert werden. Mit der wissenschaftlichen Betätigung suchten die Frauen nach neuen Formen des studentischen Lebens. Es entstanden nach und nach Vereine, neben den Greifswalder Vereinen „Frauenbildung-Frauenstudium“ 1896 und „Deutsch-Evangelischer Frauenbund“ 1907 gegründet, gab es ab Januar 1909 den „Verein studierender Frauen“. Denn an der Universität immatrikuliert zu sein, zog grundsätzlich eine enorme Veränderung des sozialen Lebens nach sich. Jede öffentliche Aktivität war notwendig, damit die Frauen sich ebenfalls in den universitären Ablauf einfügen konnten. Es gab ab 1912 eine Zeitschrift „Die Studentin“, worin ein Stellenmarkt angeboten wurde sowie mindestens genauso dringend, eine Wohnungsvermittlung. Darin wurden alle wichtigen Nachrichten den akademischen Anlauf betreffend mitgeteilt, bis hin zu Möglichkeiten sich über weibliche Dozenturen zu informieren. Nicht zu vergessen, die dringende Notwendigkeit untereinander Erfahrungen auszutauschen und überhaupt Kommunikation miteinander zu betreiben.

Alles dies lässt sich auch deutschlandweit feststellen, es erwies sich einmal mehr wie solidarisch auch Frauen zueinanderstanden. In Greifswald gründete sich 1915 die erste Frauenkorporation, vergleichbar mit den Burschenschaften. Frauen trugen ebenfalls eine einheitliche Uniform mit farbiger Schärpe. Bis zum Ersten Weltkrieg 1914 betrug der Frauenanteil an der Studentenschaft 5-7 %.

Ab Sommersemester 1915 gab es erstmals an der Juristischen Fakultät Studentinnen, in der Theologie zählte man bis 1918 insgesamt 3 eingeschriebene Frauen.

Zum Wintersemester 1917/18 ließen sich in Greifswald 79 neue Studenten einschreiben, darunter 25 Frauen. Der Frauenanteil betrug damit fast 32 Prozent. Mit diesen neuen Damen stieg die Anzahl der der weiblichen Studenten auf fast 80. Nun, die Kriegszeit half tüchtig nach, denn der Krieg brauchte die jungen Männer an der Front und nicht in den Hörsälen.

Der Weltkrieg änderte die gesellschaftliche Situation der Frauen, es schien als wenn nun nichts mehr unmöglich wäre für die Frau, allerdings unter welchem Vorzeichen. Der Kriegseinsatz und insbesondere die herben Verluste an der Front forderten von den Mädchen und Frauen allen körperlichen und geistigen Einsatz im Landesinnern. Fragen nach einer gleichwertigen Leistungsfähigkeit der Frauen schienen aufgrund der Tatsachenerfahrung nicht relevant.

Und doch unterbrachen Ende 1917 von den anwesenden 80 Studentinnen 70 ihr Studium und meldeten sich zum Hilfsdienst nach Magdeburg, um in einer Munitionsfabrik zu arbeiten, d. h. um im Akkord Granaten zu schleifen.

In eine problematische Situation geriet dann jedoch das Frauenstudium nach Kriegsende 1918. Preußen hatte Ende 1916 3604 immatrikulierte weibliche Studentinnen und 647 Gasthörererinnen sowie 11000 „überflüssige“ Volksschullehrerinnen. Die Länder einigten sich darauf, dass die heimkehrenden Kriegsteilnehmer durch die studierenden Frauen nicht benachteiligt werden dürfen, eher vor ihnen begünstigt werden müssen.

Die Novemberevolution 1918 brachte endlich mit dem neuen Wahlrecht die staatsrechtliche Gleichstellung der Frau und durchaus einen Anschub für das Frauenstudium. 1921 wurden in Preußen Frauen zur Habilitation zugelassen, in Greifswald erfolgte 1924 die erste Frauen-Habilitation, mithin 16 Jahre nach gesellschaftlicher Öffnung des Frauenstudiums.

Doch auch in der Zeit der Weimarer Republik kam es noch nicht zu einer Normalität des Frauenstudiums an den Universitäten. Und der folgende Nationalismus verbreitete ein traditionelles Frauenbild, wie sollte da eine nach Wissen strebende Frau von der Gesellschaft Anerkennung finden. Das Ende des Zweiten Weltkriegs und der Zusammenbruch brachten auch die Universität Greifswald zum Erliegen, sie wurde 1945 geschlossen. Am 15. Februar 1946 erfolgte ihre feierliche Wiedereröffnung. Die bildungspolitische Neuorientierung ermöglichte es nun auch Frauen von Anbeginn zu studieren.

Am 3. 10. 1990 wurde ein „Hochschulsonderprogramm" verabschiedet, worin insbesondere die Frauen gefördert werden sollten.

11. Rubenow-Denkmal

Mit einem großen Festakt im Beisein des preußischen Königs Friedrich Wilhelm IV. begingen am 17. Oktober 1856 Universität und Stadt Greifswald gemeinsam das 400jährige Bestehen ihrer Königlichen Universität. Ein besonderer Höhepunkt war die Einweihung des Denkmals für den Mitbegründer der pommerschen „Hohen Schule" Dr. Heinrich Rubenow (1400-1462). Rubenow gilt als entscheidender Initiator für die Gründung der Universität und unterstützte den Aufbau des Lehrbetriebs aus seinem privaten Vermögen. Eine lateinische Inschrift am Denkmalsockel erinnert noch heute an den historischen Festtag und an den hohen königlichen Gast.

Der Entwurf für das 12,10 m hohe Kunstwerk aus galvanisch verkupfertem Zinkguss stammt vom Schinkelschüler Baurat August Stüler (1800-1865) aus Berlin, die sitzenden Figuren, das Medaillon Rubenows sowie die

Wappen von Greifswald, Pommern, Schweden und Preußen entwarf der Berliner Künstler Bernhard Afinger (1813-1882). Für die stehenden Figuren zeichnete sich der Berliner Bildhauer Wilhelm Stürmer (geb. 1812) aus.

Die Schaffung des Universitätsdenkmals hatte der preußische König selbst mit angeregt. Die 12 m hohe Metallsäule in neugotischen Formen zeigt an den vier Seiten, als stehende Statuen, die für die Entwicklung der Universität maßgeblichen Landesfürsten: Herzog Wartislaw IX. (1400-1457) als Gründer; der letzte Pommernherzog Bogislaw XIV. (1580-1637); Friedrich I. (1720-1751) König von Schweden und König von Preußen Friedrich Wilhelm III. (1797-1840). Am Sockel des Denkmals befindet sich das Brustbild Rubenows in Medaillonform.

An den Ecken repräsentieren sich auf Postamenten die für die Universitätsgeschichte bedeutsamen Gelehrten als sitzende Figuren, welche zugleich die vier Gründungsfakultäten vertreten: Johannes Bugenhagen, (Theologie), David Mevius (Rechtswissenschaft), F. A. G. Berndt (Medizin) und für die Philosophie:

Ernst Moritz Arndt. Die insgesamt acht dargestellten Personen verkörpern die Entwicklung der Greifswalder Hochschule von der Entstehung bis zur Mitte des 19. Jahrhunderts.

Für die Auswahl der abzubildenden Personen konnte jede Fakultät Vorschläge beim Senat einreichen. Die Theologische Fakultät entschied sich für Johannes Bugenhagen (1485-1558), zwar lehrte er nicht an der Universität, doch hatte er hier studiert und war der Dr. Pommer maßgeblich an der Einführung der Reformation in Pommern und im übrigen Norddeutschland beteiligt. Die Juristische Fakultät bestimmte David Mevius (1609-1670). Er war der bedeutendste Greifswalder Jurist, hielt von 1635 bis 1638 Vorlesungen, nahm im Auftrag der schwedischen Königin Christina an den Friedensverhandlungen zu Bromsebroe und Osnabrück (1648) teil und wurde später Vizepräsident des Obertribunals in Wismar. Die Medizinische Fakultät wählte August Friedrich Berndt zum Repräsentanten (1793-1854). Berndt führte in der medizinischen Ausbildung den klinischen Unterricht ein und setzte den Bau eines Hospitals sowie die Gründung der ersten Hebammen-Lehranstalt der Stadt durch. Die Philosophische Fakultät bestimmte Ernst Moritz Arndt (1769-1860), der als einziger Gelehrter die würdige Einweihung noch erlebte. Arndt wirkte zwischen 1800 und 1806 als Adjunkt und Professor in Greifswald und hatte als Volksdichter und Politiker seiner frühen heimatlichen Wirkungsstätte alle Ehren gemacht.

Ein Jahr später wurde der bis dahin brachliegende Platz vor dem Universitätshauptgebäude nach Plänen des Landschaftsarchitekten Peter Joseph Lenné (1789-1866) unter Einbeziehung des Denkmals umgestaltet. Zur bleibenden Erinnerung an die Einweihung stiftete die Stadt ein Kapital in Höhe von 1500 Mark für wissenschaftliche Zwecke. Der Betrag war bestimmt zur Prämierung für herausragende Leistungen junger Wissenschaftler auf dem Gebiet der Geschichts-, Rechts- und Staatswissenschaften und sollte alle 5 Jahre jeweils am 17. Oktober, erstmals 1861, vergeben werden.

Das fast 150 Jahre alte Rubenow-Denkmal musste im Herbst 2005 einer gründlichen Restaurierung unterzogen werden. Das Rubenow-Denkmal verlor seine grüne Patina. Die Witterungseinflüsse der Jahrzehnte hatten am Metall empfindliche Spuren, wie Risse, defekte Lotnähte und insbesondere Korrosionsschäden, hinterlassen. Das Denkmal wurde eingerüstet, in Einzelteile demontiert, verpackt und abtransportiert. In der Berliner Metallrestaurationswerkstatt Haber & Brandner ist es für das 550. Universitätsjubiläum 2006 wiederhergestellt worden.

Schon bei seiner Anfertigung vor über 150 Jahren vollbrachte die Berliner Zinkgießerei Moritz Geiß ein handwerkliches Meisterstück. Zinkguss hatte im 19. Jahrhundert durch die Protektion K. F. Schinkels in der künstlerischen Bereicherung von Architekturbauten (als Statuen, Standbilder, Brunnen etc.) und bis hin erstmals im Hausbau (Dächer, Dachrinnen) weite Verbreitung gefunden. Die Fachleute von damals entwickelten beispielsweise neue Techniken, um konturenscharfe Zinkgussstücke miteinander verlöten zu können und das für das bis heute größte freistehende Zinkgussdenkmal in Deutschland. Diesem hohen fachmännischen Können hatten sich heutige Restauratoren zu stellen und nachzuempfinden. Die Restaurierung wurde aufwendig, nahm etwa 9 Monate Arbeitszeit in Anspruch. Ein Großteil der etwa 220000 Euro teuren Wiederherstellungsarbeiten konnten durch Spendeneinnahmen von Freunden und Förderern der Universität aus Greifswald aus Deutschland und der ganzen Welt abgedeckt werden.

Um die Einwerbung der Gelder bemühten sich die Universität und der 2002 gegründete Croy-Kreis um Erbprinz Rudolph von Croy. Seine Vorfahren hatten es im 17. Jahrhundert vorgeführt, wie man in leere Kassen der Universität Geld bringen kann, insbesondere Herzog Ernst Bogislaw von Croy. Gleichzeitig mit der Denkmalrestaurierung wurde der zur Stadt gehörende 4.500 Quadratmeter große Rubenowplatz neugestaltet. Das Landschaftsarchitekturbüro Lohrer Hochrein aus Magdeburg hat die historische Vorgabe aufgegriffen, die Ideen von Lenné neu interpretiert und in eine moderne Formensprache umgesetzt. Finanziert wurde die Umgestaltung vom Bund, dem Land Mecklenburg-Vorpommern und der Universitäts- und Hansestadt Greifswald. Insgesamt flossen in diese Sanierungsmaßnahme rund 880.000 Euro ein. Mit dem ebenfalls aufwendig restaurierten Hauptgebäude, nach 29-monatiger Grundsanierung, ist heute wieder ein architektonisches Ensemble vorhanden, das die Stadt Greifswald als Universitätsstandort prägt.

12. Medizin im Ersten Weltkrieg

Die medizinische Versorgung der verwundeten und erkrankten Kriegsteilnehmer des Ersten Weltkriegs erfolgte von militärischer Seite unter Verantwortung und Leitung des Sanitätsamts im Kriegsministerium und über die untergeordneten Sanitätsämter der Armee-korpse. Von ziviler Seite kooperierte mit den militärischen Sanitätsämtern das Rote Kreuz mit seinen Provinzial- und Zweigvereinen und in Persona mit seinen Territorialdelegierten.

Die Universitätsstadt Greifswald spielte mit ihrer bedeutenden Kapazität an medizinischen Einrichtungen, Technik, Personal und Erfahrungen im Bereich des 2. Armeekorpses eine wichtige Rolle. Gleichwohl der Personalschwund durch die Kriegseinberufungen auch vor den akademischen Medizinern und praktischen Ärzten nicht halt machte.

Aus der Medizinischen Fakultät wurden im Spätherbst 1914 und im Wintersemester 1915 die Professoren Kallius, P. Römer, Kroemer, Pels Leusden, Morawitz, P. H. Römer, Peter; die Privatdozenten: G. Schöne, Wagner, Löhlein, Gebb, Add. Hoffmann, Vorkastner, Adloff, Hesse, v. Trappeiner und v. Möllendorff zum Kriegsdienst eingezogen.

Paul Kroemer (Chirurg) musste im August 1915 wegen Krankheit aus dem Frontdienst entlassen werden und arbeitete bis zu seinem Tod, am 12. November 1917, als Stationsarztarzt im Greifswalder Reservelazarett.

Ende Oktober 1917 kehrte der Direktor der medizinischen Klinik, Professor Morawitz, vom Kriegseinsatz zurück, der stellvertretende Direktor, Professor Dr. Groß, nahm seinen Platz an der Front ein.

Etwa 25000 eingezogene deutsche Ärzte arbeiteten während des Krieges unter schwierigsten Bedingungen in den militärischen Formationen an den verschiedenen Kriegsfronten, unterstanden einerseits der militärischen Disziplin und andererseits ihren eigenen moralischen Wertvorstellungen.

Das deutsche Sanitätskorps musste nach den Verlustlisten bis Anfang 1919 insgesamt 1724 Tote beklagen. Den Tod brachten nicht nur die Kugeln und Granaten, viele Ärzte steckten sich in den Seuchenlazaretten trotz aller hygienischen Maßnahmen an und erlagen der Ruhr, dem Typhus oder dem Fleckfieber und zum Ende noch der Grippe.

Mai 1918 starb der Privatdozent der Chirurgie Dr. med. Friedrich Hesse als Führer einer Sanitätskompanie auf dem östlichen Kriegsschauplatz.

Andere in Greifswald geborene Mediziner wie Klaus Scherpeltz (Feldunterarzt, 25 Jahre alt) oder Prof. Walter Dibbelt dienten in den Truppen- und Etappenlazaretten und ließen ihr Leben.

In der Heimat errichtete das Militär in Greifswald während der ersten vier Kriegswochen das viertgrößte Reservelazarett der Provinz Pommern, nach Stettin, Kolberg und Anklam, unter medizinischer Leitung des

Geheimen Rats Hugo Schulz und des Reservelazaretts-Delegierten, Ratsherrn Fleischmann, mit 15 Stationen in den Universitätskliniken und innerhalb des Stadtgebiets. An der Universität entstanden der Sache nach die meisten Lazaretteinrichtungen. Das anatomische Institut stellte beispielsweise 60 Betten zu Verfügung. Auch der Greifswalder Wingolf stellte sein Verbindungshaus in der Karlstraße als Lazarett zur Verfügung, gleichfalls ließ Johanniterorden ein Gebäude des Martinsstifts in der Steinstraße räumen, um dort ein Lazarett einzurichten.

Zusätzlich unterhielt der Vaterländische Frauenverein ein Vereinslazarett mit 67 Betten.

Ebenso sind Privatinitiativen zu nennen. In der Bahnhofstraße 61 entstand ein Privatlazarett und der der Greifswalder Landrat Graf Behr-Behrenhoff ließ zusammen mit dem Grafen Bismarck-Bohlen (Karlsburg) im Raum des Akademischen Turnvereins ein Lazarett mit 24 Betten einrichten.

Auch die Greifswalder Stadtgemeinde musste auf Anordnung der Militärbehörde vom 2. August 1914 bis zum folgenden 5. August das Armenarbeitshaus an der Anklamer Straße zum Ausbau einer Krankeneinrichtung abtreten, die bisherigen Bewohner mussten in die Armenkolonie umgesiedelt werden. Alles zusammen, Greifswald war Ende August 1914 aufnahmebereit für maximal 868 Verwundete.

Unter Führung des Roten Kreuzes hatte sich schon im Frühjahr 1913 eine gemeinsame Mobilmachungskommission zur Versorgung der Lazarette, Ausbildung von Hilfspflegerinnen und Krankenpflegern gebildet, der der Rotkreuz-Verein selbst, der Vaterländische Frauenverein Stadt-Greifswald und die Sanitätskolonne angehörten.

Mit den Frontkämpfen im Osten trafen bald die ersten Verwundetentransporte ein. Die zivile Gesellschaft hatte sich gründlich vorbereitet, um ihre Pflicht und humanitäre Hilfe zu leisten. Am 30. August 1914 vormittags fuhren zwei Züge mit etwa 450 verwundeten Soldaten und Offizieren von der Ostfront auf dem Greifswalder Bahnhof ein. Die Kriegsteilnehmer hatten in Ostpreußen an den Gefechten in Soldau, Stallupönen u. a. teilgenommen. Neben den Deutschen befanden sich darunter auch 65 gefangene Russen.

Mit dem Eintreffen der Verwundetentransporte trat die Sanitätskolonne in Aktion, die je nach Maßgabe, die Soldaten in die Lazarette überführte. Solche Einsätze waren keine Übung mehr, sondern bittere Realität. Bei einigen Verwundeten mussten Notverbände an Ort und Stelle erneuert werden, andere Männer konnten eigenständig die Beförderungswagen am Bahnhofsvorplatz erreichen. Für Leichtverwundete stellte die Stadt Automobile, Droschken und Kutschwagen für die Wege in die Lazarette zur Verfügung. Schwerverwundete wurden in Möbelwagen oder auf Tragen in die Lazarette überführt.

Am folgenden Tag, Montag 31. August, kam ein weiterer Transport mit 100 Verwundeten an, darunter 31 russische Militärangehörige.

Mit dem Kriegsverlauf erwartete Greifswald Transporte mit Front-Verwundeten. Die Ankunft konnte kaum im Voraus geplant werden, verlief aber nach den großen Schlachten an der Front zügig. Am 8. Februar 1915 trafen beispielsweise 90 Leichtverwundete, am 19. Februar erneut 60 Verwundete aus dem Osten ein. Für das Jahr 1916 zählte die Sanitätskolonne 6 Einsätze, 1917 waren es 5 Verwundetentransporte.

Die Verwundeten zeigten nach den Akutbehandlungen an den Fronten Verletzungen von verschiedenen Graden auf, wonach sich die medizinischen Behandlungen, Pflege und Zeitdauer richtete. Mitunter bot der Krieg den Ärzten ein „Laboratorium und Erfahrungsfeld“ dar, dass „Kranken- und Verletztenmaterial“ bot, wie es in Friedenszeiten nie vorhanden sein konnte. Mit Verlauf des Krieges nahm bei der hohen Zahl der Verwundeten und Versehrten auch in der Medizin die

„Kriegsinvalidenfürsorge“ (plastische Chirurgie, orthopädische Versorgung mit Prothesen u.a.) bis hin zur Wiederherstellung der oder einer eingeschränkten Arbeitskraft, einen großen Raum ein. Im Bereich des Stettiner Korpsbezirks waren bis Mai 1915 in den Reservelazaretten 23 „medico-mechanische Abteilungen“ eingerichtet worden.

Leichtverwundete deutsche Soldaten und geheilte Patienten konnten bald wieder die Lazarette verlassen und ihren militärischen Einheiten an der Front zugeführt werden. Bei Kriegsgegnern erfolgte die Überführung in die deutschen Gefangenenlager.

Unter den eingelieferten Verwundeten befanden sich viele Schwerverwundete und Schwerkranke.

Ärzte und Schwestern gerieten in Stoßzeiten an ihre physische und psychische Belastbarkeit.

Oft stieß die medizinische Versorgung an ihre Grenzen, obwohl die Universität die Kapazitäten erweiterte, das medizinische Personal um jeden Patienten kämpfte und dabei selbst die eigenen theoretischen Erkenntnisse und praktischen Erfahrungen vorantrieb. Das galt u. an für die Chirurgie und Orthopädie und die Pathologie. Beispielsweise hatte man in der Universitäts-Frauenklinik eine Lazarettabteilung mit 50 Betten (am 29. August) eingerichtet, um zusätzlich komplizierte Operationen durchführen zu können, neben den vielen kleineren medizinischen Eingriffen.

Zur medizinischen Behandlung durch die Ärzte entstand in den Lazaretten ein hoher Pflegebedarf durch ausgebildete Schwestern und Hilfsschwestern.

Die Greifswalder Frauenvereine sammelten für die Versorgung der Lazarette mit Lebensmitteln und die Bürger gaben neben Geld auch Wurst, Käse, Marmelade u. a. her. Auch Bücher und andere Lesestoffe gehörten zu den Spenden. Besonders beliebt waren z. T. illustrierte Volksblätter: Sonntagsblätter, Christenboten, Heimatklänge usw., auch die Provinzialausgaben, sie erinnerten eben an die Heimat. Kein genesender Soldat wurde ohne Einkleidung mit frischer Unterwäsche entlassen, die die Greifswalder Frauen selbst nähten.

Spätesten ab 1917, wenn nicht schon viel früher, war die deutsche Kriegsgesellschaft mit einer Soldatenkrankheit konfrontiert, die nicht durch Kugeln, Granaten oder Gas verursacht war. Die Sexualmoral ließ nach, sowohl an der Front als auch in der Heimat. Die Zahl der geschlechtskranken Soldaten, die sich in den von der OHL geduldeten Bordellen in der Etappe im Westen und Osten infizierten, nahm zu. Vor Kriegsausbruch litten beispielsweise 5,6 % der österreichisch-ungarischen Soldaten an Tripper oder Syphilis, 1915 erhöhte sich die Zahl auf 12,2 %. Bei den Deutschen pendelte sich die Rate der Geschlechtskrankheiten in den Fronttruppen bei 1,5 Prozent (Besatzungsheer: 2,9 Prozent) ein.

So wurden die auf Urlaub heimkehrenden pommerschen Soldaten, unter ihnen auch Familienväter, mitunter zum Gesundheitsproblem. Das stellvertretende Generalkommando Stettin ließ deshalb 1917 in Greifswald eine unentgeltliche

Beratungsstelle für Geschlechtskranke einrichten.

Im Mai 1917 eröffnete die Medizinische Klinik ein „Absonderungshaus" mit drei Stationen. Man musste sich der Zunahme von Geschlechtskrankheiten stellen.

Schon ab Mitte 1915 nahmen Greifswalder Lazarette auch deutsche und österreichisch-ungarische Austauschverwundete aus dem Osten auf. Anfang Frühjahr 1915 begannen Gespräche zwischen dem schwedischen Außenministerium, Deutschland und Russland über den gegenseitigen Austausch schwerkranker und invalider Gefangener, die erfolgreich verliefen. Auch die Donaumonarchie Österreich-Ungarn schloss sich der erzielten Vereinbarung an.

Die Repatriierung von invaliden Soldaten und Offizieren aus Russland erfolgte mit der Eisenbahn über Finnland nach Schweden (Übergabestelle Trelleborg) und dann mit der Lazarettschiffen über die Ostsee zu der Fähr- und Bahnhofsstelle Sassnitz (deutsche Übernahmestelle) und umgekehrt nahm die Zurückführung von russischen

Schwerkranken und Invaliden aus deutschen und österreichischen Kriegsgefangenenlagern ihren Weg. Die ersten größeren Heimatlazarette, die für Notfälle belegt werden konnten, lagen auf der Insel Rügen mit Bergen und Putbus, dann Stralsund, Greifswald und Pasewalk.

Eine Zusatzvereinbarung zwischen den Staaten betraf die Entlassung von schwer-, sterbenskranken Lungenleidenden. Im Herbst 1917 traf ein Transport mit tuberkulösen Gefangenen direkt vom Hafen Salmir bei Haparanda in Saßnitz ein. Zu spät für einige Soldaten, schon auf dem Schiff verstarben Lungenkranke, so dass sie auf dem Friedhof in Sassnitz beerdigt wurden.

Bei allen Bemühungen von Ärzten und Schwestern ließ sich das Leben der Lazarett-Patienten nicht immer retten. Das pathologische Institut verzeichnete von Herbst 1914 bis Mai 1915 39 Obduktionen, darunter 7 an russischen Soldaten. An ihren Wunden waren 30 Männer erlegen. An Typhus und Tuberkulose starben je 3, an epidemischer Genickstarre 2 und an Blinddarmentzündung verstarb ein Soldat.

Die in den Greifswalder Lazaretten verstorbenen Kriegsteilnehmer erhielten auf dem Neuen Friedhof ihre Ruhestätte.

> „Wir haben in Greifswald die Universitäts-Leichenhalle als Ausgangspunkt der Bestattung. Dort wird die Ansprache und Kusssegnung gehalten. Dann geht der Zug mit großer militärischer Begleitung zum Neuen Friedhof, weit vor der Stadt, wo dann am Grabe nur eine kurze liturgische Feier stattfindet, zum Schluß mit den üblichen Ehrensalven. Gelegentlich ist die Ansprache auch draußen am Grabe gehalten worden, wo sie einen noch viel größeren Hörerkreis findet als in dem immerhin beschränkten Raum der Universitäts-Leichenhalle.“

Trotzdem viele verstorbene Soldaten nicht aus Greifswald stammten, sollten sie doch ihre letzte Ruhe in militärischen Ehren und

Würden finden. Dafür setzten sich die Militärvereine der Stadt ein, die sich zu den „Vereinigten Wehrvereinen“ zusammenschlossen und zunächst auf eigene Kosten die Bestattungen ausrichteten.

Der erste Kriegstote war ein unbekannter Soldat (ohne Erkennungsmarke und verstorben am 4. September 1914), dann starben zwei russische Soldaten: Iwan Affonin (5. September 1914) und Pawel Pietuchow (7. September 1914). Das vierte Todesopfer war der einjährig-freiwillige Lehrer W. Weiß aus Königsberg vom Grenadierregiment Nr. 1. Er erlag am 27. September 1914 dem Typhus. Und so ging es weiter, am 12. November 1914 mussten gleich vier Bestattungen ausgerichtet werden. Da je zwei der Soldaten der katholischen und evangelischen Konfession angehörten, hielten ein katholischer und ein evangelischer Pfarrer die Grabreden nacheinander ab.

Den stillen Soldatentod und die ehrenvolle Bestattung zeigte eine kleine Annonce in der Greifswalder Zeitung an.

Bis zum 19. Januar 1915 wurden seit Kriegsbeginn auf dem Neuen Friedhof an der Grimmer Straße 21 Kriegsteilnehmer mit allen Ehren beerdigt. Bis Anfang 1917 war ein der Ehrenfriedhof mit 78 schlichten Gräbern und einem zentralen Holzkreuz hergerichtet, zu jedem Grab ein Holzkreuz mit Namen des Verstorbenen. Bis April 1918 waren insgesamt 150 eichene Holzkreuze auf Kosten der Stadt aufgestellt.

So fanden bis Kriegsende 1918 auf dem Greifswalder Neuen Friedhof insgesamt 193 verstorbene Kriegsteilnehmer, unter ihnen 178 deutschen und 23 russische Kriegsopfer, ihre letzte Ruhestätte.

Der letzte an seinen Verwundungen oder schweren Erkrankungen hier in Greifswald verstorbene Kriegsteilnehmer, von bis dahin insgesamt 200 Fällen, fand im Jahr 1922 auf dem Neuen Friedhof sein Grab (Otto Thran, verstorben am 10. Oktober 1922).

13. Universität Greifswald im Wandel der Zeiten

Die Universität Greifswald zeigte sich zu Ende des Mittelalters in einer enormen geistigen Blütezeit, 1625 unterrichteten 15 Professoren etwa 3000 Studenten. Der anfangs mühselige Aufbruch in die Wissenschaft bedeutete ebenso ein Aufbruch in ein freies unabhängiges Denken.

Der folgende Dreißigjährige Krieg (1618-1648) führte zur Stagnation im akademischen Leben. Seit dem 9. September 1630 war Greifswald im Dreißigjährigen Krieg von den Kaiserlichen Truppen unter Heerführer Herzog Ludovicus von Perusi besetzt. Perusi erwies sich als ein tyrannischer Feldherr und Besatzer. Seine Soldaten wüteten beim Eintreiben von Nahrung, Getreide und Quartier. Der Senior der medizinischen Fakultät, Professor Eberhardi, wurde im eigenen Haus von einem stehlenden Soldaten durch einen Säbelhieb tödlich getroffen. Das Universitätsamt Eldena wurde mit seinen Dörfern wurde schwer geplündert. Vom Dorf Neuenkirchen blieb sogar nur die Kirche stehen. Magistrat und Universität führten mehrmals Klagen beim Herzog, die jedoch keine Linderung für die Leute brachten.

Erst mit der Schwedenzeit nach 1648 setzte eine Periode politischer Stabilität ein, die sich auch wieder förderlich auf die Entwicklung der Universität auswirkte.

1706 eröffneten die Professoren der medizinischen Fakultät ein anatomisches Theater als Hörsaal für Mediziner. Sezieren in geheimen Räumen sollte von nun an der Vergangenheit angehören. Regulär und öffentlich sollte den Studenten medizinisches Wissen und Können am toten Körper demonstriert werden. Jedoch blieb es noch bei der Idee. Die Hinterbliebenen verhinderten mit juristischen Mitteln dieses Mal die Freigabe der Leiche. Dann brachte der Nordische Krieg (1700-1720) den Universitätsbetrieb wieder zum Erliegen.

Gesellschaftlicher Höhepunkt der Zeit war vielleicht noch der Besuch des russischen Zaren. Peter der Große bereiste die wichtigsten Schauplätze des Nordischen Krieges, um sein russisches Heer bestens zu führen. Am 10. August 1712 traf er mit seinem ersten Minister Fürst Menschikow in Greifswald ein. Der Feldherr nahm sich trotz des Krieges Muße für Geist und Bildung. Er ließ es sich nicht nehmen den berühmten Mayerschen Garten, das Universitätsgebäude zu besichtigen und an einer wissenschaftlichen Disputation im Rahmen einer Doktorpromotion teilzunehmen. Anfang September reiste seine schwangere Gemahlin in Begleitung der Fürstin Menschikow nach.

Ab 1729 konnte das anatomische Theater den Lehrbetrieb ungehindert aufnehmen und dem Studium der Anatomie, Pathologie und Chirurgie dienen. 1742 erteilte die schwedische Regierung der Universität die Berechtigung alle Leichen von Verbrechern in Vorpommern, die mit dem Schwert oder Strick hingerichtet wurden, für wissenschaftlichen Unterricht sowie für die Forschung zu verwenden.

Mitte des 18. Jahrhunderts kam das anatomische Theater auch zur Anwendung in der

Tiermedizin. Dr. Kölpin sezierte 1764 einen Schwertfisch, der Fischern aus Ludwigsburg in die Netze ging, und präparierte seine Teile für die anschauliche Verwendung.

1743 wurde der schwedische König Friedrich I. Protektor (Schutzherr) der Universität und sein Nachfolger Adolf Friedrich setzte die auf Kultur und Wissenschaften orientierte Politik fort. Mit Beginn seiner Amtszeit stiftete er einen botanischen Garten, ein Observatorium und ein archäologisches Museum. Außerdem wurden die Gehälter der Professoren erheblich aufgestockt, womit die starke Abwanderung von wissenschaftlichen Lehrkräften an andere Universitäten eingeschränkt werden sollte. In seiner Amtszeit entstand ebenfalls das Hauptgebäude mit seiner repräsentativen Fassade nach Entwürfen von Andreas Schlüter.

Während des Siebenjährigen Krieges (1756-63) litt die Universität unter starker Finanznot, da sie an die preußischen Besatzungstruppen in Greifswald hohe Kontributionen leisten musste. Der neue schwedische Herrscher Gustav III. verlieh der Universität 1775 einen neuen Rezess und setzte eine akademische Verwaltung ein. Das Lehrprogramm wurde im Sinne der Aufklärung durchgehend umgestaltet. 1779 wurde durch König und Stände die „Medicinal-Ordnung für Schwedisch Pommern und Rügen, Stralsund, etc." erlassen und eine obere staatliche Gesundheitsbehörde (Sanitäts-Kollegium), unter Mitwirkung der Greifswalder Medizinprofessoren, gegründet.

Im 18. Jahrhundert lehrten in Greifswald viele hervorragende Wissenschaftler, u. a. die Theologen Generalsuperintendent Jacob Heinrich Balthasar und sein Amtsnachfolger Larentius Senzler, Gottlieb Schlegel und Johann Ernst Schubert; die Juristen Augustin Balthasar (Jacobs Bruder), Thomas Heinrich Gadebusch und Carl Schildener; die Historiker Johann Carl Dähnert (der das Universitätsarchiv ordnete), Albert Georg Schwarz, Andreas Westphal (senior), Johann Georg Peter Möller und Ernst Moritz Arndt, der Philosoph Lewin Möller, der Mathematiker Lambert Heinrich Röhl, der Anatomieprofessor Andreas Westphal (junior) sowie der Botaniker Christian Ehrenfried Weigel.

Mit dem Napoleonischen Krieg im 19. Jahrhundert brachen erneut schwere Zeiten für die Greifswalder Alma Mater an, da die Studentenzahlen stark rückläufig waren. Als der nördliche Teil Vorpommerns 1815 zu Preußen kam, arbeiteten an der Universität 14 Professoren und 2 Dozenten, die 70 Studenten unterrichteten. Aber Greifswald war die älteste und wegen des Besitzes von Gut Eldena auch die reichste Hochschule im preußischen Staat. Sie wurde dem Innenminister unterstellt, in dessen Namen der Oberpräsident der Provinz Pommern das Amt des Kurators versah. Nach wie vor besaß auch der Generalsuperintendent großen Einfluss auf das akademische Leben.

Unter preußischer Regierung wuchs die Studentenzahl stetig an und es bildeten sich wissenschaftliche Forschungsschwerpunkte heraus, nicht zuletzt unterstützt durch die neuhumanistische Universitätsreform, die durch Wilhelm von Humboldt initiiert wurde. Die Zahl der Studenten konnte sich mit gleichrangigen Einrichtungen messen: Von 185 im Jahre 1826 stieg sie auf 300 (1859), 400 (1865), 500 (1871), 1097 (1887) und bis auf 3500 im Jahr 1931.

Ende 19. Jahrhundert absolvierten rund 50 % der Studenten hier ein Medizinstudium. Die medizinische Fakultät zählte in den achtziger Jahren etwa 500 Hörer und war gegen 1900 die zweitgrößte ihrer Art in Deutschland. Die wissenschaftlichen Fachbereiche waren mit den praktischen Erfordernissen der Gesundheitsbehandlung und -fürsorge zielstrebig weiterentwickelt worden. Seit 1830 gab es an der Universität eine medizinisch-chirurgische Klinik, seit 1873 eine Augenklinik, 1876 eine Poliklinik für Kinder, 1887 ein Hygieneinstitut und schließlich ab 1890 die psychiatrische Klinik. Mit den Klinikbauten 1903-1913 konnte eine moderne medizinische Versorgung über die Stadt Greifswald hinaus gewährleistet werden.

An den medizinischen Instituten arbeiteten herausragende wissenschaftliche Gelehrte. An erster Stelle ist Friedrich Löffler (1852-1915) zu nennen, der als Assistent Robert Kochs den Diphteriebazillus entdeckt hatte und von 1888 bis 1913 als erster Ordinarius für Hygiene der Stadt Greifswald wirkte. 1908 schuf er auf der Insel Riems die Anfänge einer später weltbekannten Forschungsstelle gegen Tierseuchen.

Auch an anderen Fakultäten lehrten im 19. und zu Beginn des 20. Jahrhunderts Professoren, die in ganz Deutschland und Europa bekannt wurden: die Theologen Hermann Cremer, Adolf Schlatter und Victor Schulze; die Juristen Karl Georg Beseler, Hermann Jahrreiß, Arnold Köttgen und Bernhard Windscheid; die klassischen Philologen Friedrich Schömann und Ulrich von Wilamowitz-Möllendorf; die Germanisten Gustav Ehrismann und Theodor Siebs, die Historiker Johann Gottfried Kosegarten, Arnold Schäfer, Theodor Hirsch, Ernst Bernheim und Adolf Hofmeister; der Mathematiker August Grunert und der Botaniker Andreas August Münter.

Innerhalb der Universität entstanden und entwickelten sich im 19. und 20. Jahrhundert weitere akademische Einrichtungen, so 1835 die staats- und landwirtschaftliche Akademie Eldena, 1863 das Historische Institut, 1917 das Nordische Institut sowie 1921 das Institut für Finnlandkunde.

1930 gründeten ehemalige Studenten die Gesellschaft von Freunden und Förderern der Universität Greifswald und am 16. Mai 1933 erhielt die alt ehrwürdige Alma Mater den Namen des bedeutenden preußischen Historikers und politischen Publizisten Ernst Moritz Arndt.

Mit der nationalsozialistischen Machtergreifung wurden Professoren rigoros entlassen, die nicht das politische und geistige Profil erfüllten, ebenso wurden fortschrittlich und demokratisch gesinnte Studenten verhaftet und relegiert, so dass bis 1939 die Studentenzahlen von 2137 auf 543 zurückgingen.

An der kampflosen Übergabe Greifswalds an die Rote Armee wirkten die Professoren Engel und Katsch als Parlamentäre mit. Mai 1945 kam es zur Schließung der Universität, die sowjetische Besatzungsmacht ließ den Rektor Prof. theol. Ernst Lohmeyer verhaften und später hinrichten.

Danach erfolgte die Wiedereröffnung der Universität ohne Rechts- und Staatswissenschaftliche Fakultät, der Lehrbetrieb begann an der Medizinischen, Philosophischen und Theologischen Fakultät mit 733 Studenten. Am 9. Oktober 1946 eröffnete auch die Pädagogische Fakultät. Mit der Bodenreform ging der akademische Grundbesitz der Universität verloren.

Zur neueren Geschichte der Universität zählt die Akte Ernst Moritz Arndt. Der am 26. Dezember 1769 in Groß Schoritz auf Rügen geborene Historiker, Politiker und Dichter erwarb sich große Verdienste um die Abschaffung der Leibeigenschaft und im Kampfe gegen die napoleonische Fremdherrschaft sowie in der bürgerlichen Revolution von 1848. Jedoch konnte Arndt seinen einstmals gerechtfertigten Hass gegen den Diktator Napoleon nicht ablegen und steigerte ihn später in seinen politischen publizistischen Werken zu einem Kampf gegen die Franzosen überhaupt und gegen Juden, mit einem deutsch-nationalen Freiheitsbegriff dazu. In der Zeit des

Nationalsozialismus war diese Seite willkommen. Die Universität Greifswald erhielt 1933 seinen Namen.

In der heutigen Zeit führte die Ambivalenz im Lebenswerk Arndts zur Ablegung seines Universitätsnamens, wobei nach einer Kompromissformel Arndts Name zu bestimmten Anlässen der offiziellen Bezeichnung *Universität Greifswald* vorangestellt werden kann.

14. Seine Magnifizenz der Rektor

Die Greifswalder Universität wurde bis heute von 176 Rektoren gelenkt. Zum Zeichen ihrer Würde und des Amts trugen die Rektoren eine Amtstracht und benutzten vier Szepter, später kamen die goldene Halskette und ein Ring hinzu. Zum Leiter des akademischen Lebens wurden die besten Gelehrten aus den Fakultäten durch das Konzil bestimmt. In den Anfangsjahren der Universität wurden einige Professoren durch das Los bestimmt, die dann die Rektorwahl vornahmen. Später geschah die Wahl durch das gesamte Konzil. Sie erfolgte bis Anfang 20. Jahrhundert halbjährlich zu festen Terminen, immer am 3. Mai und 18. Oktober. Die Rektoratszeit betrug in der Regel ein Semester, in Ausnahmefällen auch ein ganzes Jahr. Mitunter übten Professoren nacheinander oder in Abständen mehrmals das Rektorat aus.

Die Reihe der Rektoren beginnt mit Heinrich Rubenow und es folgten namhafte Wissenschaftler wie Petrus und Vinzenc von Ravenna, Johann Knipstrow, Jakob Runge, Andreas Westphal, Johann Carl Dähnert, Johann Gottfried Ludwig Kosegarten, Johann Rehmke, Ernst Bernheim und viele andere Persönlichkeiten.

Studierte in den Anfangsjahren ein junger fürstlicher Herr in Greifswald, so fiel ihm ehrenhalber die hohe Rektorwürde zu. So zeichneten sich der Historie nachfolgende pommersche Prinzen als Rektoren aus: 1462 Swantibor, 1558 Johann Friedrich, 1559 Bogislaw VIII., 1560 Ernst Ludwig (alle drei Studenten waren Söhne des Wolgaster Herzogs Philipp I. und bezogen 1557 gemeinsam mit elf Adligen die Universität) und Ernst Bogislaw von Croy (1634/35).

Ihre Rektorenpflicht war auf einige Repräsentationsaufgaben ausgerichtet, die weiteren Amtsaufgaben übernahm der Vizerektor. Denn die jungen Herren, die oftmals ab 12 Jahren und noch jünger in Greifswald die Ausbildung antraten, sollten hier grundlegendes geistiges Rüstzeug für ihre späteren Aufgaben als Landesherrscher erhalten.

Das Rektoramt war in seinen Aufgaben vielseitig ausgerichtet, der Rektor war als höchster Repräsentant der Universität verantwortlich für das wissenschaftliche Leben; für Lehre, Studium und Promotionen (Baccalarien, Lizentiaten, Magister und Doktoren), für entsprechende Personalpolitik und Bücher sowie für Recht und Schutz der Universitätsangehörigen (Professoren, Studenten, Arbeitskräfte). Zur Bewältigung seiner vielfältigen Aufgaben standen ihm ein Vizerektor und der akademische Magistrat (analog dem städtischen Magistrat und später der Senat) zur Verfügung. Die wichtigsten Beschlüsse zur inneren Entwicklung der Universität wurden durch akademisches Konzil und Rektor gemeinsam gefasst. In so einem Fall verkündete dann der Rektor folgenden Wortlaut: „Wir und das akademische Konzil haben … “. Da die Universität durch hohe kirchliche Zustimmung und Gunst entstand und gefördert wurde, waren Aufsicht und Einfluss der Kirche mittelst des Kanzleramts durch den Bischof bzw. seines Vertreters oder später des Generalsuperintendenten erheblich.

Den staatlichen Einfluss der Krone Schwedens machte ein Statthalter geltend, die letzte dazu eingesetzte Person war Fürst Malte von Putbus. Und nicht zuletzt hatten die pommerschen Landstände „zur eigenen Landesuniversität" ein gehöriges Wort mitzureden. Innerhalb dieses Kreises sah sich der Rektor oft einem schwierigen Interessenkonflikt ausgesetzt. Dazu standen viele Aufgaben auch außerhalb des Lehrbetriebs an.

Natürlich hatte ein Rektor auch persönliche Mitarbeiter, so standen ihm im 17. Jahrhundert sein Sekretarius und ein Struktuarius zur Verfügung, letzterer war für wirtschaftliche Aufgaben, für Werterhaltung und Baumaßnahmen verantwortlich. Durch das Patronatsrecht der Universität über Stadtkirchen (Greifswald, Grimmen) und zahlreiche Dorfkirchen, waren ebenso Baulasten für die Gebäude zu tragen. Und bedenkt man, dass die Universität nach den Fürsten Malte von Putbus und von Bismarck die größte Gutsbesitzerin in Pommern war, kann man sich die Verantwortung und den Arbeitsaufwand für einen Rektor vorstellen. Entlastung schaffte dann die Herauslösung der Verwaltung der landwirtschaftlichen Universitätsgüter aus seinem unmittelbaren Arbeitsbereich seit dem Rezess von 1775 durch die Schaffung der „Akademischen Administration.

Stellvertretend für die Rektoren sei an dieser Stelle das Schicksal Ernst Lohmeyers gewürdigt.

Der Theologe Prof. Ernst Lohmeyer (8.07.1890-19.09.1946) war der erste Rektor nach Ende des 2. Weltkrieges in Greifswald. Er war an der militärisch kampflosen Übergabe der Stadt an die Rote Armee mitbeteiligt. Er übernahm am 5. 05. 1945 das Amt des Rektors an der Universität, die auf Anordnung zunächst von Sommer 1945 bis Februar 1946 geschlossen wurde. Zugleich wurde er in die Kirchenleitung berufen und in das Konsistorialamt.

Wer also war Ernst Lohmeyer? Ernst Lohmeyer hatte Theologie, Philosophie und Orientalistik in Tübingen, Leipzig und Berlin studiert. Beim evangelischen Konsistorium Münster absolvierte er 1912 die 1. theologische Prüfung mit Erfolg. 1914 promovierte er zum Dr. phil. mit einer Dissertation über „Die Lehre vom Willen bei Anselm von Canterbury". Durch die Militär- und Kriegszeit unterbrach er seine wissenschaftliche Laufbahn, habilitierte danach 1918 in Heidelberg, wurde 1920 außerordentlicher, 1921 ordentlicher Professor für neutestamentliche Theologie inzwischen an der Universität Breslau, wo er ebenfalls im Rektorat 1930/31 tätig war.

Lohmeyer setzte sich vehement für seine jüdischen Kollegen ein, u. a. für Martin Buber. Daraufhin wurde er „wegen antinationalsozialistischer Haltung und Betätigung" zum 15. 10. 1935 an die Greifswalder Universität strafversetzt. Ab 1939 war er als Offizier im Zweiten Weltkrieg, wurde 1943 freigestellt und entlassen, übernahm wieder den Lehrstuhl in Greifswald. So also war Lohmeyer an die Greifswalder Universität gelangt.

Vor Universitätswiedereröffnung am 14. zum 15. Februar 1946 wurde Lohmeyer nachts von der sowjetischen Geheimpolizei aufgrund eines Vorwurfs verhaftet und am 18. Februar erfolgte seine Amtsenthebung. Damit verschwand er aus der gesellschaftlichen Öffentlichkeit. Erst im Nachhinein wurde bekannt, dass Ernst Lohmeyer am 19. 09. 1946 hingerichtet worden war. Die offizielle Bestätigung seines Todes erhielt die Familie in den fünfziger Jahren. Lange blieb der Mantel des Schweigens über das Schicksal von Lohmeyer, erst 1991 wurde seine Büste, die 1931 von dem Bildhauer Theodor von Goosen geschaffen wurde, in der Universität Greifswald aufgestellt. 1996 wurde Professor Ernst Lohmeyer durch die russische Militäroberstaatsanwaltschaft rehabilitiert.

Heinrich Rubenow

Rubenow-Denkmal um 1910

Universitätssiegel

Stadtwappen

15. Anhang

Ausgewählte Literatur:

Alvermann, Dirk: Quellen zur Verfassungsgeschichte ... /Bd. 1/Von der Universitätsgründung bis zum Westfälischen Frieden 1456-1648. Stuttgart: Steiner, 2011.

Alvermann, Dirk: Universität und Gesellschaft: Festschrift zur 550-Jahrfeier der Universität Greifswald 1456-2006. Rostock: Hinstorff, 2006.

Pieper, Julia: Grypswaldia, Du magst ruhig sein, denn die Studentin zieht jetzt ein: die Anfänge des Frauenstudiums in Greifswald 1873 bis 1925; eine Studie. Rostock: Hinstorff, 2007.

Buchholz, Werner: Lexikon Greifswalder Hochschullehrer 1775 bis 2006. Bad Honnef: Bock, 2004.

Buhrow, Joachim: Professor Andreas Mayer (1715-1782): Mathematiker, Physiker, Astronom und Baumeister zugleich. Greifswald, 2005.

Dahlenburg, Birgit: Der Croy-Teppich der Ernst-Moritz-Arndt-Universität Greifswald. Schwerin: Helms, 2000.

Dahlenburg, Birgit: Kulturbesitz und Sammlungen der Ernst-Moritz-Arndt-Universität Greifswald. Rostock: Hinstorff, 1995.

Kosegarten, Johann, Gottfried, Ludwig: Geschichte der Universität Greifswald: Teil 1 u. 2. Greifswald: Koch, 1857.

Oberdörfer, Eckhard: Die Universität Greifswald: eine Festgabe zur 550-Jahr-Feier. Greifswald: Sardellus Verl.-Ges., 2005.

Oberdörfer, Eckhard: Ein fideles Gefängnis: Greifswalder Karzergeschichten in Wort und Bild. Schernfeld: SH-Verl., 1991

Seth, Iva: Die Universität Greifswald und ihre Stellung in der schwedischen Kulturpolitik 1637-1815: Festausg. zur 500-Jahr-Feier der

Ernst-Moritz-Arndt-Univ. Dt. Verl. der Wiss., 1956.

Spieß, Karl Heinz: Erinnerung und Repräsentation: Festvortrag zur 30. Croy-Feier. Greifswald: Ernst-Moritz-Arndt-Univ., 2010.

Thümmel, Hans Georg: Die Frühgeschichte der Greifswalder Universitätsbibliothek. In: Baltische Studien, Neue Folge, Band 94, Ludwig Verlag, Kiel 2008, Seiten 29–42.

Thümmel, Hans Georg: Greifswald: Geschichte und Geschichten; die Stadt, ihre Kirchen und ihre Universität. Paderborn [u.a.]: Schöningh, 2011.

Thümmel, Hans Georg: Geschichte der Medizinischen Fakultät Greifswald. Stuttgart: Steiner, 2002.

Abbildungen:

Umschlag vorne: Ausschnitt aus „Greifffswaldt“ aquellerierte Federzeichnung eines unbekannten Künstlers um 1615.

Abbildungen S. 111-113 Archiv Haff-Verlag.

Jenseits
von
Abwesenheit
chili verlag

Horst Leiwig

Jenseits von Abwesenheit

Gedichte

chiliverlag

Im chiliverlag erschienen (Auswahl):
Glasaugenstern, 101 Gedichte von Alex Dreppec
Fassadenflucht, Politische Dichtung der Gegenwart II
suchtraum, Sandra Stubbe, Roman
Herzschlaf, Gedichte und Kurzprosa über Trauer, Trost und Hoffnung
Stimmwirbel – Gedichte, Michel Ackermann
Machen! Silben, Sätze, Sensationen, Marc Mandel
Gatti – Katz'n, 21 krasse Katz'nstories
Kodex Rosebud, Hans-Jörg Kühne, Roman
Abschreibungen, Lyrisches und Satirisches von Stefan Krückmann
wir wölfe – Gedichte, Eine poetische Hommage an unsere Tierwelt
Verstummung, Tier- und Naturschutzkrimis
Pappalappa Mirzapan, Gedichte für besondere Kinder
Tanze mit Raketenschuhen – Dance with Rocket Shoes, Wissenschafts-
gedichte – Science Slam Poetry, Alex Dreppec
Kammer der Tränen, Vatikanthriller, Ingo-Maria Langen
die aus der kälte kommen – Porträtgedichte, Jutta Pillat
Klagelied winterzu – Gedichte, Fritz Deppert
Saisonlyrik, Jürgen Zimmermann
Im Traum der dich nicht schlafen lässt – Gedichte, Thomas Rackwitz

1. Auflage Dezember 2018

franchili / 70
Gestaltung, Layout, Lektorat: chiliverlag
Autorenfoto S. 70: Horst Leiwig

Detaillierte bibliographische Daten sind unter http://dnb.ddb.de bei der Deutschen Nationalbibliographie abrufbar.

Printed in Germany
ISBN 978-3-943292-72-5 **www.chiliverlag.de**

Die leichte Stille dämmert dahin
Alle Worte
Verweilen im ruhenden Atem
Nur du Abend
Steigst aus dem Gedächtnis
Ausgerollt wie der Zufall
Im letzten zärtlichen Strahl.

I
Durch das dunkle Holz

Ich erinnere mich nicht

An einem beliebigen Punkt der
Zeit zufällig kann es jetzt sein
beginnt die Wand und ich mit ihr
zu reden wir reden schweigend
sind im Ansatz des Redens es
sind nur mehr Gedanken die wir
murmelnd mit halboffenem
Mund sagen wollen außer uns ist
niemand im Zimmer die Lampe
brennt befühlt die äußeren Schatten
auch wir schon fast fliehender Schatten
unerklärlich für die Kapitel des
streunenden Augenblicks:
Zeit Teilchen Welle.

Schön und gewaltig auf einem Schiff
treibt sich das Leben so recht an
die Spitze in dem Augenblick in dem
sie zueinander krochen schauen wir in
die Straßen einer vollen Liebe Spiegel
zwar der Schatten der Kreise aber gesehen
und gefallen in klingendes Glück und
ein Gewirr von Formen Echos der Kopf
streift die stumme Wand hier emporragend
Suche nach einer Verwandlung dem
pflügenden Himmel der Wände
einstürzen lässt Wind in den Bäumen
durch das dunkle Holz wir du und ich
sind allein gelassen kommen wir dem
Dunkel näher bevor die Wälder in
ungeheuren Scharen angreifen geben wir
uns dem Wahnsinn dieser Welt hin
was einschließt die Messer die Krieger
und die gestohlene Liebe.

Nackter stiller Augenblick ohne
Maßanzug der Lauf der Welt beginnt
wenn wir etwas sehen wollen hören
auch das Verschwinden der Gedanken
schlägt als Gelächter zurück in einer
vom Blitz und Schmerz geprägten Zeit
atmen wir freudig die Frühe ein sie
ist maßlos einladend frisch scheinbar
erinnert jeder Morgen an unverbrauchte
Mädchen und Wassertropfen zu Schnüren
aufgehängt wir sehen dass die Sonne
ähnlich der vorherigen ist es verändert
sich die Schwärze das Wolkengetümmel
aber die Sonne geflügelt umschlossen
gefangen bleibt im Geschehen nicht
sie ist es für deren Verbreitung wir
sorgen müssen die Sonne ist entfernt
den anderen Explosionen eine
gewöhnliche Gründerin weder Gut
noch Böse ihr Bild ist Willkür
sichtbar dessen was kommt kommen
wird ein Wimpernschlag über dem
Grübchen einer wunderschönen Erinnerung
identisch mit sich und aller Kraft.

Um aller Gedanken willen die in
dem Heerhaufen der Sterne noch
folgen können der Punkt und die
Höhe ist da auch der Moment den
wir fassen wollen aus Gegenwart
und Zukunft lösen wir die
nächtlichen Wasser lassen fließen
den Brunnen der Sinne Bilder ohne
Halt nur aufgesetzt stürzen uns
durch die Augen der Widerschein von
Orten an denen wir nie waren gesellt
sich uns zu ein Lager eine Geschichte
mehrere Schiffe durchsegeln unser
Haupt von der Wand fallen
Blütenblätter zart und schwach und
nackt wie wir sind teilt sich uns
die schlummernde Nacht mit Nacht
aus Frische Trommeln ausschweifenden
schwellenden Katastrophen.

Vielleicht weil ich so rede mit den
Winden im Westen ist das Schwere
einfach und umgekehrt immer wird
Tun und Erleben zunächst Unschuld sein
verhüllt vom strömenden Blut wir
beginnen ein kleines Fest durchwaten
einen Wasserfall drüben auf der
anderen Seite entgegen unseren
Vorstellungen umarmt uns Nebel
bis in den späten Vormittag
überziehen Wassertropfen die
Erklärungen der Untreue nicht du

allein hast ein Stück der quellenden
Farben verpasst mit dir und nach
dir wird das Wogen der Stille und
des Grases sein was du zerschlägst
ist der Schatten einer Liebe und
das Notwendige für dich warst du
der eigene Himmel weit aufnahmefähig
und unendlich an deiner Bläue
schulten sich die Augen sie sahen
den Tanz der Freude und das Lächeln
der Herzen weil fast alles erlernbar
unter den Kindern der Geschichte
schimmerte in dir eine Klarheit
auf die unaufhörlich treibt und
webt Rauchsäulen auch das war
da Frauen Düfte Beichtstühle
zerbrechliche schlummernde Frauen in
Flammen geht der Beweis einer Nacht
in Umarmungen auf der ausgetrocknete
Speichel auf den Lippen macht es
schwer den Mund zu öffnen Blei
das uns umschließt hält den
Körper ermattet fest bevor der
Verlust des eigenen Willens fühlbar
wird dieser Schmähung mit geballter
Faust in der Tasche hält strenger
Nachtfrost die Stille gefangen
stumm wachsen die Wörter
und die Zeit ohne Zeit.

Veränderliche taube Seele
der Tod und das Knarren einer
Fichte sind Ereignisse die einen
nicht mehr persönlich betreffen
wir schwimmen und du Wand
weißt das durch die Gerüche der
Straßen sind Element Kehricht
Juwel Talmi jemand liest Zeitung
im warmen Duft des eigenen Selbst
zitiert Bruderschaften der Gedanken
an säuerlich riechende alte Weiber
nach Imi und Futtika entweder
verdient man sich dumm und
dämlich oder alles bleibt nur
Stückwerk entweder zerbricht das Meer
an der Lavaküste wie explodierende
Granaten oder die Seilschaften der
täglichen Stunden sind wie Grabmalkunst
die zu gar nichts taugt in einer
Ecke erschreckt die Tat weil das Leben
über alles hinweggeht eine Medaille
der Langeweile und Müdigkeit
ausufernd in Vergeudung wer
das Phänomen kennt dass die
Jahre kürzer werden weiß um das
kurze Rascheln des Tages der Abdruck
bleicher blanker Sonnen ist schon vergangen
wenn kurz vor dem Regen die
Abflusskanäle stinken plötzlich schließen
sich die Augen die Ordnung der
Helligkeiten vergeht um die linke
Hand verbreitet sich zusehends ein
dicker roter Streifen toxische
Vergiftung in Verbindung mit Alkohol.

Spuren Wirbel Gestalten
Schwarzerde stößt ihren Abdruck in
die Zeitrechnung nun da wir
gestrandet sind auf dieser Erde
heißt es sich einrichten und auf
Wanderschaft gehen wie eine Wildherde
fegt der Wind über Kornfelder
von Bewegungslosigkeit keine Spur
das Weiße und das Rote die Liebe
und das Licht begleiten uns seit wir
mit einem Schrei aus dem Gehölz
traten gegen die Lust wird uns
Wasser gereicht reines armes Wasser
der großen Weiten noch tun und
denken wir Dinge die uns schuldlos
machen schauen in eine Baugrube
durch Löcher im Bauzaun Blick
in den blicklosen Himmel
einer leidenden Seele die ausbrechen
will bis zur Unkenntlichkeit
zerspellt sind jene Gedanken der
halbhohen Warte wo Buchstabe um
Buchstabe der Luftblasen von unten
angestrahlt werden ohne Gespräch nur
als Geraune strahlt und schimmert
die Bucht des frühen Morgens
Menschen auf den Lippen und Namen
im Kopf löschen die schneereichen
Täler und Hänge mitten im Leben
am Beginn des Lebens war die
Welt hundertfaches Eisen gestählt
schnaubend staubbedeckt vermählt
mit dem Wahn der eigenen starken
Unbesiegbarkeit ein Traum und

ein Gähnen verirrt verwirrt in den
Verzweigungen der schamvollen
unnützen Überlegungen

Stachelbeerstrauchsauger Gaffeltan
Rindsschweinbraten das Wortspiel
am Brillenrand der Armbänder und
Inseln wo der Tod im Bus vorbeirast
Porto Christo heißt die Kakteen blühn
in gelben aufrechten Ampeln erreichen
Mauer und Straße von der es kein
Entrinnen gibt das Geschick ist
ein fernes Brausen es hebt sich nicht
ab gegen das Dunkel wo du wohnst
kann heute hier sein morgen dort
und woanders in Ferienorten schimmern
die Springbrunnen Berge vielfach
glüht der Wein Musik das
durchsichtige Lachen der Herzen
quillt durch den schwülen Abend
zwischen kaum hingezeichnetem
Eindruck und blühenden Bäumen
spuken Barthaare Fingernägel
in Ecken und Ritzen weigert sich
der Gedanke und das Licht
einzufallen einsam glüht der
Reiher in Flammen am Horizont
er gleitet über die Geschichten der
wolkenlosen Pforte unwiederholbar
überdecken Irrtümer das Vergessen
die Bilder Worte tätowierten Zimmer
zeichnen Landschaften die sperrangelweit

mit leichten Händen Gestalt annehmen
ich weiß dass ich nichts weiß und
doch etwas weiß der Gang als
Reisender an schmutzigen Mauern
entlang schwächt und stärkt den
Späher auf verlassenem Platz
obgleich wir zerstreute Namen in
jedem Jahr sammeln verlieren wir
sie mit den fallenden Blättern im
Herbst wo der Schnee wärmend das
Vergangene zudeckt zum Abenteuer
berauschen uns Kräfte jenseits der
Muße leicht zieht die Sonne durch
die Dornenfeuer der Trägheit Sonne
die wir grüßen und erforschen Dialog
von Gerüchten fremder Sterne die
in der Rotverschiebung nackt kreisen
Raumzeit die dem Kollaps ein
Widerhall sein soll ich erinnere
mich nur nicht.

Langsam weil wir auch hier
vergessen können führt uns das
in die offene springende Zeit
tieftönend schwillt Luft über
Garten und Wege es gieren die
Dinge Schädel sind kriegerisch
der Eimer ohne Wasser mit Seufzern
beladen steht in der Ecke des
Intellekts bereitet nur dem noch
Sorgen der Glück mit Ja oder Nein
beantworten will was außer Feldern

bewohnbar wird mit Blicken
verschlossen du willst die Türen der
Wirklichkeit öffnen und triffst
nur vermoderte Zeichen rätselvoll
spaltet der Horizont dir Grind
und Geheimnis auf über Sprache
an Geschehen oder Märchen gelangen
könnte mit dem Raum vereinbar
die Möglichkeiten der befühlbaren
Gedanken sein ich zügle noch in
der Stimme des Windes mein
Entzücken sanft und vor dem
Weinen unempfindlich bei Schacher
und Handel kommen mir
Erscheinungen die als Nahrung
dem Körper der Sonne der Zeit
dienen was ich denke ist Gewicht
Ordnung wie ein Löwe duckt
sich der Mensch und geht ans
andere Ufer mit seinen Kindern
denn wenn wir träumen sind
wir unverderblich und gerecht
ein Flackerfeuer von Stärke unter
den Luftmeeren der Ödnis wir
prägen uns ein was wir wissen
lassen Meer und All sich
zerstreuen sind das Quantum
der gewaltigen Pulse in
Wirrnis und Leichtigkeit
heute wo ich unter euch lebe
bin ich willens das fiktive
Dämmerdunkel der Unendlichkeit
zu durchdringen ich gebe meinen
Schatten dem Schweigen anheim

das die Erde öffnet und schließt
Stein zu Fleisch geworden und
kreisend irgendwo im lichtlosen
Meer dieser Kette von Kräften
am absoluten Nullpunkt
ich erlösche entflamme
zerstöre und erneuere mich.

Ich der ich bin und nicht mehr
sein werde ich der ich war und
verschwand höre du Wand der
unsterblichen Dinge ein winziges
Gesicht ein einziger Raum duckt
sich um das Feuer hinter den Augen
nicht alle Wahrheiten treten aus
dem schwefelfarbenen Rauch der
Erde nicht alles was wir verlieren
werden ist auf ewig verschwunden
vor und nach allen Dingen ist es
der gelebte Schein der uns aufklafft
wie ein Schnitt in die weiche
Bauchdecke der nackten Helligkeit
erkennen befühlt vom Denken
verwirrt in der Minute wo der
Schlaf uns meidet und der Druck
auf die Zeit gespenstische Fieberträume
auslöst das Leben tut sich uns
auf wie Blumen in der Nacht
ihr Duft ihr Antlitz ist uferlose
Natur in der Bewegung in der
Offenbarung der nackten Singularität
lässt sich nichts mehr denken

unscharf im Widerspruch platzt
der Hauch von Materie von Planeten
als Teil einer Ordnung in der
Schatten Schatten bleibt und die
Sonne das Uhrwerk der Dimensionen
ohne Grenzen saugt sich dieses
Zentrum der Zeit in die Entladung
eines kleinen winzigen Augenblicks
der Ewigkeit sein kann oder Tod
der Schöpfer heißt oder gar nichts
so mit leiser Stimme gehen wir
in den Ring der Spiegelungen ein
wo wenn wir uns verraten bis zur
Auferstehung das Kopfgeld selbst bezahlen
entschwirrend auf blauen Flügeln
der Begierde und der Ideen.

An einem beliebigen Punkt der
Zeit zufällig kann es jetzt sein
beginnt die Wand und ich mit ihr
zu reden wir reden schweigend
sind im Ansatz des Redens es
sind nur mehr Gedanken die wir
murmelnd mit halboffenem
Mund sagen wollen außer uns ist
niemand im Zimmer die Lampe
brennt befühlt die äußeren Schatten
auch wir schon fast fliehender Schatten
unerklärlich für die Kapitel des
streunenden Augenblicks:
Zeit Teilchen Welle.

II
Wolkenstraßen

Außerhalb

Die kleinen Dinge vom Lebensglück.
Etwas zu trinken. Den Kopf warm haben.
Draußen hört der Verkehr nie auf.
Immer ist Wind, und sei es nur ein
laues Lüftchen. Bei Sturm knarren die
Balken und grauen Äste. Auf der Borke
tief unten wachsen gläserne Pilze.

Ich hatte den Hund nicht kommen sehen.
Er umkreiste mich wie der Zeiger einer Uhr.
Das Bellen vernahm ich nur tief
drin im Hinterkopf, gedämpft wie
ein zugestopftes Radio. Der Besitzer
sagt, er tut nichts. Wenn der Schmerz
nachlassen würde, könnte man es glauben.

Das Pferd auf der Weide jagt
plötzlich los in den gurgelnden Bach.
Aus allen Richtungen Geschrei.
Erschöpft ist die Bürde nun doch
zu schwer für mich. Ich pflanze eine
Nachricht in die weiße Wolke, und schon
ist sie fort. So klein ist eben alles.

Richtungswechsel

Auf der Stelle getretenes
Gedankengut.
Noch keine Lüge.
Nur die Vorstufe von etwas,
das wir vergessen können
in der ländlichen Natur.

Zur Mittagszeit tönt das
träge Summen die Siesta ein.
Licht und Schatten werfen
Blitze in müde Augenwinkel.
Jetzt kommt plötzlich
der Traum von rückwärts,
bringt uns dahin zurück,
wo wir bereits gewesen waren.
Wiederholungen der nicht
verstandenen Art toben sich aus.
Einer steht auf, verbeugt sich.
Schiefergraue Stille schwillt
riesengroß um ihn herum.
Ein Hauch von Bilanz der
überflüssigen Worte rattert als
Laufband über den Hintergrund.
Pausenlos.

Im Wasser versunken die langen
Wolkenstraßen. Ganz tief unten.

Kurze Freundschaft

Er schlief einst in meinem Bett,
der Sommer.
Ich sah, wie er wortlos hinaustrat
durch die Scheiben.
Zielstrebigkeit war seine ländliche Natur.
Blumen hatte er im Kopf,
auf der Zunge.
Farben wie tausend Dichter
schwebten in seinen Gedanken.
Die Mehrheit wollte ihn, viel
lieber als alles Blau des Himmels.
Gerade hatte er sich adrett
eingerichtet, da explodierte das
Morgenrot im grauen süffigen Regen.
Sein Blut wurde weißer Schnee,
wochenlang.
Es fehlte aller Humor, jede Mission.
Viele Plätze blieben leer, die
Gefühle endeten in Verzweiflung.
Nur einmal noch gewann er in
Liebesekstase, aber da war es schon Nachsommer.
Die Schönheit auf Zeit, bevor die Uhren
in schwarzer Nacht umgestellt werden.
Dass wir uns kannten, wird in den
Geschichtsbüchern sicherlich nie erwähnt.

Kardioversion

Herzrhythmus gestört,
wo Felder Schaum und
Furcht verbreiten.

Dein Herz, es tönt leise
in Schläfe und Puls.
Sie legen dir ihr
Werkzeug über das Sternum,
warten ab, wie lange dein
Fluchtweg anhält.

Vielleicht ist das heute
ein Bangen im schnell
getrockneten Blut, vielleicht
Niederlage und Rettung zugleich.

Die Schwaden zerreißen.

Bei Bedarf wiederholen
wir, sagt der Berufene,
und dann ist er weg.
Einfach fort wie ein letztes Wort.
Auf den Scheiben der Fenster
zeigt sich nicht eine Wolkenstraße.

Methode

Nur diese Kleinigkeit,
erlauben Sie?

Das Leben hat nur eine
winzige Sekunde gebraucht.
Wie ein Schatten schleichen
die Verdächtigungen über
den grasgrünen Boden.
Es mögen Zweifel zum
Vorschein kommen, wenn
es um das Thema
Ernährung und Wasser geht.
Vorbehalte werden wach,
und die Hölle kocht heiß.
In den Fingern halten wir
flüchtig ein Goldstück,
das sich freiwillig zwischen
den Dezennien auflöst.

Wenn etwas zum Vorschein
kommt, sind es die Elemente.
Ein Baum ist eine Wolke,
und dahin zurück führt
die verborgene Quelle.
Jahrtausende haben wir gelogen,
warum sollte es jetzt
eigentlich besser werden?

Schritte

Schwarz und Weiß,
nicht Liebe.
Der Nebel geschieht in
einer anderen Straße.
Da wo meine Schritte
Gegenwart sind.
Und die Zeit stehen bleibt.
Wenn der Abend herabsinkt,
öffnet sich ohne Scheu das Leben.
Deines und meines.
Unsichtbar zwischen zerstörten Bildern.

Stadtplan

Schnelle Schritte über den Platz,
der vor Regen aufbricht, klatschnass
bis zu den Gossenrändern, einen
Steinwurf unter der gotischen Kirche.
Da haben wir es, die Orientierung
ist weg, weil die Hinweisschilder fehlen.
Alle Pfeile weisen in die Fußgängerzone.
Fünf Minuten hat eben ein jegliches Ding.

Am Eingang zieht der Regenpfeifer seine
Jacke aus und spielt Xylophon.
Melancholisch tanzt ein junges Mädchen
um eine Blechdose herum, in die man
vorsichtshalber ein paar silberne Münzen
hineingeworfen hat. Täuschung der Aspekte
vielleicht? Das Rot über der Kirche ist
die Sonne, in die sich waghalsige Dohlen
hineinstürzen, ohne wieder gesehen zu werden.

Am Morgen, wenn der Regen aufgehört hat,
umtanzen sie erneut die Eieruhr der Zeit.
Aber da hatten wir unseren Weg längst
gefunden. Allerdings, es war ein furchtbarer Aufwand.
Die Meute schaute hinter uns her, als es
am Abgrund vorbeiging. Kaum bewegt die
Tiefe und das Blut, weit unsere Verlorenheit.
Wir hätten in jeden Spiegel eindringen können,
so hilflos zerfließt das Leben.

III
Matte Schatten

Sehnsucht

Rot sinkt der Horizont
an der Flanke der Nacht,
wirft Illusionen,
die sich auflösen
von Raum zu Raum.
Wie klein ist die Welt
und wie groß meine Sehnsucht,
die aus deinen klaren Augen
das Schweigen aufliest.
Matte Schatten haben sich der
Erde hingegeben, ohne Scheu.

Es ist heller Tag

Der Sommer, seine Schatten,
das Licht wabert am Nachmittag
wie kochender Schaum über den Feldern.
Ein Blitz, die Dachziegel.
Wie Schüsse peitschen sie deine Augen.

Ende März

Tiefer Schnee und weiße Vergänglichkeit.
Das Fenster schaufelt unsichtbare
Farbe auf meinen Tisch, der im dünnen
Lichtschein einträchtige Schatten zeichnet.
Wie lange kann man das noch aushalten?

Aus dem All zimmerten sie einen
Meteoritenregen von Rechnungen,
der Fiskus, ohne Angst und Vorurteile,
mag es nicht, wenn man ihn vergisst.
Und was das Zentrum im Gehirn
betrifft, es hat die Kraft der linkischen
Niederlagen wie einen Spaziergang erledigt.
Von den beschneiten Höhen ruft die
wartende Landwirtschaft.

Tiefer Schnee und weiße Vergänglichkeit.
Ich fühle, wie das Herz Meinungen ablagert,
Fakten bewegt und Zifferblätter anhält.
Die Synthese hat keinen Wert, wenn
verkuppelte Gänseblümchen ohne Spaß
und Sinn im Blühen verdorren.
Der Frühling, das Gras, die Verstorbenen
im Garten, ihr alle steht in meinem
geliebten Notizbuch – mehrfach überwuchert.
Und im dünnen Lichtschein schaufeln die
Schatten das Feuer der einsamen Freude.

Ebbe und Flut

Der Weihrauch verzieht sich.
Dafür aber Nebel.
Die angesammelten Tropfen
blattloser Zweige.
Eine Meisenfamilie flattert
willig durch Geäst und
zarteste Baumspitzen.

An und für sich wird davon
die Welt nicht untergehen.
Auch der Mann auf den einsamen
Wegen wird seine Rechnung begleichen.
Entweder solidarisch oder im
geschlossenen Mantel, Kragen
hochgestellt.

Mitten zwischen Worten und
Husten schlägt der Wind um.
Er kommt auflandig daher,
wie sein unerbittlicher Schatten,
regenfeucht bis gedämpft.
Irgendwann muss man jedoch
die Sache von allen Seiten
betrachten, einschließlich der
Variante Dauerregen, also
Ebbe und Flut.

Das Leben küsst uns auf
den Mund, wie Zucker.
Es will eben Hoffnung machen.

Privileg des Daseins

Ganz gleich was du tust,
du musst anfangen.
Heute.
Morgen regnet es.
Oder giftige Dämpfe treiben
vom Firmengelände herüber.
Auch bei geschlossenen Fenstern
ist der Druck enorm.
Die Gegenwart, so lächerlich
sie auch sein mag, gibt
dir in Zukunft kein Auskommen,
geschweige denn Hoffnung.
Der Wind klammert sich
an den Felsen, und du an
deine seltsamen Utopien.
Gedämpft federt der Schritt
im Schnee, während die Morgenröte
als Scherenschnitt funkelt.
Die warme Hand hinter
allem ist goldenes Blut.
Jetzt schon.
Geht dorthin also der Weg?

Jenseits von Abwesenheit

Alles ist ruhig. Bis auf den Wind.
Der heult schon seit Ewigkeiten
am Schicksal herum.
Meeresschaum weiter entstehen Tage
wie ein filigraner Schrei.
Wir hören die Rufe des Vergessens,
dabei ist es nur eine Möwe
im Anflug auf pralle Futterreste.
Warnen wir also das Herz ohne Furcht,
denn täuschend echt stolpern wir
über die verlorenen Dinge:
Aufgepflügte Felsen, schwimmende
Brücken, die Liebe als leuchtender Vulkan.
Richtig, nicht die Träume machen uns
rasend, nur der Starrsinn.
Er schleift uns überall hin.
Fast grüne Kindheit mit blauen Füßen.

Schwarz nicht Weiß

Der kahle Stumpf vorjähriger Äpfel
auf dem Acker verteilt.
Futter für Nacht- und Nebeljäger.
Die Eule vergreift sich da nicht.
Sie hat genauere, besser Vorstellungen.

Eine Frau verlässt ihren Mann
aus den bekannten Gründen.
Um Männlichkeit geht es nicht.
Mehr um Drohung und Qual.
Zurück vom Steg der neuen Frauen,
würde sie sagen, aber das ist Schwarz
und nicht Weiß.

Wer zurückbleibt und sich dem
nicht entziehen kann, schwimmt in
den Tränen der namenlosen Träume.
Emporgeweht aus Kindheit und
letztem Spiel vom Glück.

Wie eine Sonnenblume sich dem
Licht zuneigt, schwindet der Tag
in dichter, beugender Luft.
Ein Fluch der Liebe am
verlorenen, zitternden Arm.
Die verpasste Jugend eben.
Schiefergrau, einsam, allein.

Bei jedem Wetterwechsel spürbar.

Zeltfest

Einer brüllt durch das Zelt
und die anderen nehmen keine
Notiz davon. Ein richtiges Rechen
Wunder, so er sich erinnert.
In seinen meergrünen Augen kann
man ablesen, wieviel freiwillige Gläser
er sich eingeträufelt hat.
Zehn, fünf, wir sind ein wenig unsicher.
Und immer noch liegt das Land
rundherum einfach nur da.
Wie Fransen ohne zündenden Beweis.
Die Kapelle spielt den krachenden
Bretterblues, der hier Polka heißt.
Schweiß riecht wie Bier und nur
unter den Achseln scharf.
Geschüttelt hat es die Kinder von
damals in dem Amorland, einmal
im Jahr, und das musste reichen.
Mit dem Schrei des Sommers
versöhnten sich Wimpern und Bussard.
Ein mangelhaftes Leben, zugegeben.
Doch auf dem Land ist die Nacht
manchmal schwieriger als der Tag.
Und jetzt ist – Moment mal!

IV
Auf der Wasseroberfläche

Logbuch

Die Daten sind gesammelt.
Im Computer-Logbuch der Stirn.
Sortiert, gelumbeckt, säuberlich
abgeheftet. Von wegen Schmutz.
Die sind in den Daten selbst.
Wenn man genau hinschaut, ritzt
ein Blitzstrahl das Schweigen
und das Verbotene, lächelt mal
falsch und dann wahr.

Auf dem Rechner haben kleine
Ringe den Hintergrund erfasst.
Sie stechen wie eine Katzenpfote
in den prallen Luftballon.
Kraftlos macht die Einsamkeit
des Wartens, vor der Entdeckung.
Denn nichts geht verloren,
nicht einmal das Gelöschte
im Computer-Logbuch der Stirn.

Anpfiff

Vom Sportplatz kommt der Pfiff,
und die Zuschauer stöhnen auf.
Es ist Sonntagnachmittag, Ruhezeit,
da wo es dir manchmal das Leben
aus den Händen haut.
Die Kaninchen kommen unter den
Büschen hervor, fressen mümmelnd,
um dann wie ein Blitz zu verschwinden,
wenn man hinter ihnen her ist.

Der Himmel hat die frohe Farbe Blau.
Aus der Perspektive eines Gärtners
muss das Gesträuch beschnitten werden.
Tief verwurzelt aber sind die Vorurteile.
Ich habe Vaterland und die Macht
gekannt, doch jetzt kommen Zweifel.
Wie, wenn die vielen Generationen nur
belogen worden sind. Mit der Wahrheit
kennen sich die wenigsten so genau aus.
Fährt die Axt hernieder, verbreitet sie
Schrecken, Furcht und Opfer sind dabei eins.
Auf gar keinen Fall durchschaut man
die große Zahl der beträchtlichen Sieger,
ihre freundlichen Umarmungen.
Sie sind kalt wie ein Bergbach am Morgen.

Die Mannschaften müssen Remis gespielt
haben. Es ist so unbestimmt leise geworden.
Der Verein braucht eine Erbschaft und
gute Eigenschaften. Sonst steigt er ab.
Eine Klasse tiefer zur Bedeutungslosigkeit.
Inzwischen hat die Sonne ihre Runde
gemacht, hakt die Baumspitzen ein.
Aber satt grell, wie das so stattfindet.
Ich traue mich gar nicht aufzustehen.

Ankündigung

Dem empfindsamen Menschen
schwindet der Mut.
Vor dem Sturm.
Den sie angekündigt haben.
Wie Schrecken ist die Stille fühlbar.
Noch hat die Flotte der Isobaren
ihre schriftliche Form eingehalten.
Wartet ab.
Bis das Röhren beginnt.
Im geschwärzten Nachthimmel.
Im – machen wir uns nur nichts vor.
Fleißig haben wir den Garten geputzt.
Die Gehege im Gärtchen sind
akkurat und rechteckig.
Unser Denken rüstig.
Manchmal fallen Blätter
in das Meer aus Gras hernieder.
Wir legen Feuer über sie und
brüsten uns mit dem Augenblick.
Die Natur hat die Keime
unserer Begabung entdeckt.
Sie lässt immer wieder neue Blätter fallen.
Und wachsen.
Da ist der Sturm rein gar nichts.
Als Kontrast zu rotem Blut.

Seltene Augenblicke

Für das Leben gut sind die
seltenen Augenblicke.
So wie Schnee im Juni.
Es sei denn, wir befinden uns
auf einem Achttausender,
mit dem Panoramablick
über Nacht und Schweigen.
Da unten, auf dem Schlachtfeld
des Erfolges und des Misserfolges,
ist richtig was los. Unwillkürlich
ist man wach und hat doch
einen leblosen Körper, der in
Gedanken und Träumen seinen
Starrsinn pflegt. Diese traurige,
zarte Angst, dass jede Reise
einmal vor dem Vergessen endet.
Ein hartes Stück Arbeit, zugegeben,
bevor der Finger das Garn einfädelt,
das der unbeugsamen Jugend und
der vergessenen Leiden. Jeder hat
das Recht eigener Fehler, mit und
ohne Fluchtweg. Zuvor jedoch,
wenn die Zukunft im Geschichts
Buch steht, schäumt Nebel in
den sicheren Hafen. Alle Schlepper
rollen ihr Nebelhorn aus, und
auf der Kaimauer erglänzt Staub
Regen in schwarzer Nacht.
Über der Tür zur Schenke gehen
die Lichter aus, alle.

Panta Rhei

Kleine feine Einwände,
eingebettet in Tolerierung,
von Westen pfeift uns die
Kameradschaft entgegen,
so wie der Atlantik gegen
den Kontinent drückt und
ganz ungemütlich sein kann.
Im Osten schlummern die
großen Weiten über den schnellen
Reitern, die einst kamen, plünderten
und wieder verschwanden.
Jetzt verrottet das ganze Gewerk
unter dem Sauerstoffüberschuss,
das bräunlich frisst und pickelt.

Wir in der Mitte, umgeben
von Freunden, die auch schon das
andere waren, verbitterte und
zornige Gegner, zuweilen sogar
gnadenlos. Wir öffneten nicht
allein die Grenzen, das taten wir
gemeinsam. Ihr und wir.

Auf der Wasseroberfläche jeden
Flusses spiegelt sich der Himmel.
Aber wir sind nicht in ihm,
er zeigt uns nur seinen Spiegel.
Wenn es regnet, bricht das Wasser in
trüben Wellen, wie Geschichte im
Präsenz, eben nicht abgeschlossen.

Wir löschen den Computer und
machen einen Punkt, diesen –.

Hunger

Glauben Sie nicht den Leuten
die Ihnen erzählen, es wird besser
oder es geht bergauf. Wenn man
oben war, geht es nur noch bergab.
Und besser? Gibt es auch nur eine
Spur oder einen Ansatz zu besserem
Wetter? Das Wetter hat zu viel
„zu" in den Flammen: zu nass,
zu trocken, zu heiß, und so fort.
Wenn das gute Leben über uns
hereinspaziert, belasten uns die
Steuern bis in das kleinste Kaubonbon.
Und Gerechtigkeit, da klatschen doch
die Engel mit den Flügeln und den
Händen. Ausklinken aus allem, das
ist wie Blindheit ohne Denken, wie
festgefügte Abgründe ohne Boden, auf
dem man nie erschüttert aufschlagen
wird. Letztens, du weißt schon,
im Traum.

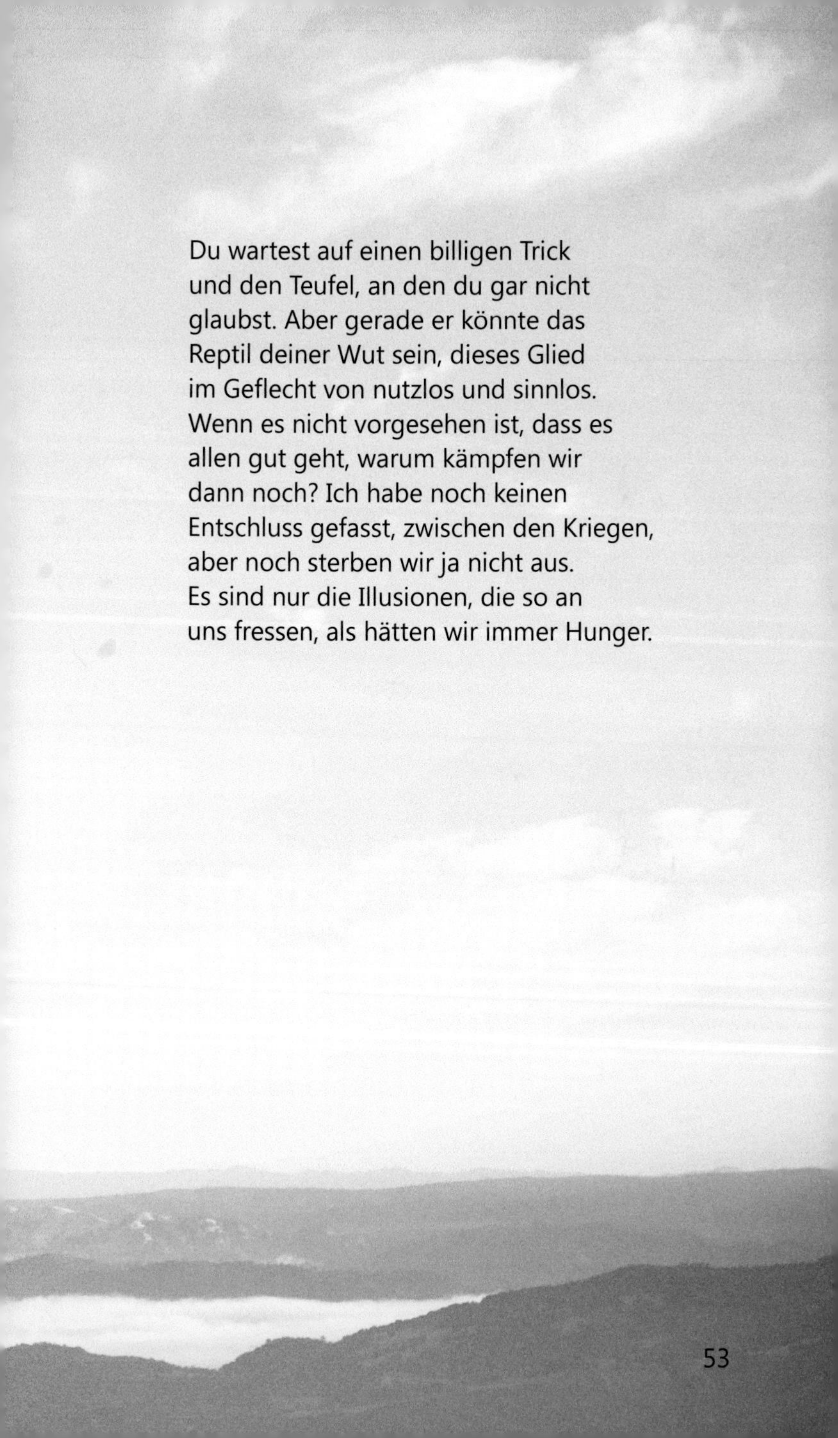

Du wartest auf einen billigen Trick
und den Teufel, an den du gar nicht
glaubst. Aber gerade er könnte das
Reptil deiner Wut sein, dieses Glied
im Geflecht von nutzlos und sinnlos.
Wenn es nicht vorgesehen ist, dass es
allen gut geht, warum kämpfen wir
dann noch? Ich habe noch keinen
Entschluss gefasst, zwischen den Kriegen,
aber noch sterben wir ja nicht aus.
Es sind nur die Illusionen, die so an
uns fressen, als hätten wir immer Hunger.

Telefonieren

Schlagen wir doch einfach
ein Telefonbuch auf.
Der Name ist unwichtig,
nur die Ziffern schlagen zu.
Wir tippen ein, wie alle
häufigen Gedanken, und
einer sagt etwas wie Hallo,
ja genau, der bin ich,
was kann ich für Sie oder
Dich tun? Besser wäre Sie, denn
das Buch wurde willkürlich
aufgeblättert, wie ein Los, das
niemals automatisch zum
Gewinner erklärt wird. Es sei denn,
der Sieger steht schon vorher fest.
Schließlich schauen wir der Gegenwart
nur so lange ins Gesicht wie
wir die Gegenwart brauchen.

Das Gespräch ergibt rein gar
nichts. Wir haben die Technik
bis zum Satelliten ausgereizt,
und alles war wie ein schlechter Trick.
Der Himmel mit Sonne ersetzt
keine Gefühle, und was an
Eindrücken hängen bleibt, geht im
Gedröhn des Mittags unter.
Zaghaft drücken wir die Augen
Winkel zusammen, verlangen
entschieden zu viel vom Glück,
das in der Leere erstickt.

Vielleicht verlieren wir etwas,
wenn wir nicht mehr telefonieren.
Schließlich wurde auch Gott
Schritt für Schritt entmachtet.

Wie eine Trophäe halten sie
diese unersättlich-wahllosen
Klappbrüste in der Hand,
um Gedankenfetzen durch die
schwarzen Wolken zu schießen.
Ein Glück, dass die Sterne viel
zu weit weg sind, sonst würde
man sie eventuell aus den
Augen verlieren. Klanglich flüsternd
oder als seltene Planung.
Was man nie erreicht, kann später
wunderbar im Kerosin verdampfen.

Umkehrschluss

Es gibt außer trüben Aussichten
auch den Misserfolg. Niemand will
daran erinnert werden, aber wie bei
einem Würfel sieht man nicht alle
Augen. Zugedeckt weilt die schwere
Niederlage unter dem Atem des
Unsichtbaren. Vergessen, wenn man
die Luft anhält.

Hoch oben, in der eingeschlafenen
Erinnerung, erglüht flüchtig der
in Klammern gesetzte Himmel,
voller Schrecken und kreuzender Wege.
Leben, wie wir es kennen, entfaltet
sich mühsam wie ein lästiger Trick.
Scharf geschnitten erreicht einzig
das Verlangen sein Ziel.
Mag sein aus Liebe. Oder Gnade.
Oder einfach weil man nichts
Besseres zu tun hatte.

So gesehen haben wir ihn,
den Umkehrschluss.

V
Lichtblaue Schallwellen

Besiegt

Der Regen hat seinen Fuß
noch nicht auf der Erde,
da kommt der Blitz.
Ein langes Haar roter Farbe
bleibt in der Luft stehen.
Unablässig vom und zum
entferntesten Punkt der Welt.
Dann stürzt das Licht herab.
Prasselnd stottert meine Erinnerung.

Die Farben der Musik

Legt nur die Musik an.
Sie taumelt in dein Ohr,
schwingt wiegend fort und fort,
bis Flüstern die Erde streift.
Wir wissen so wenig über die
Gefühle der Töne, die jede Ursache
finden, auch wenn wir verwegen alles
abstreiten, absprechen, sogar den Schall.
Diese Sekunde fiebert eine Kastagnette,
wir hören ihr knatterndes Rollen,
den Knall beim Aufplatzen von
Kiefernzapfen, o Augenblick, wir
hören dein gebrechliches Schweigen.
Eine kleine Trommel aus Gezweig
hält das Kind in der Hand.
Jemand, den wir nicht kennen, wird
weinen, wenn sich die Töne in das
Gewissen brennen.
Warum das so ist?
Er wird es dir nicht sagen können.
Wie alles Seltsame nie Worte hat.
Nur lichtblaue Schallwellen.

Kommen und Gehen

Der Tag ist vorüber.
Von der Ausfahrt zur
Haustür vergeht der vierte
Teil eines Kreises.
Sie verstehen?
Und dann vielleicht
bei Rot gefahren.
Das gleiche Thema, derselbe
Traum, immer wieder.
Es war eben Montag und
die Gefühle verkriechen sich
bis zum Freitag unerfüllt dahin.
Nur der Salzdunst bleibt.
In unserem Gedächtnis.

Die Residenz

Rundherum Berge, die hergeben den
Wein, der unter Marktplatz und
Residenz in den Kellern gelagert wird.
Keck grüßt der Brunnen die Ankommenden.
Und schon gehen wir die mühelose
Treppe hinauf, über der die Fresken
Tiepolos die damalige Welt zeigen.
Physiognomisch verdrehte Exoten
bleiben seit Jahrhunderten stumm,
trollen sich im Ansatz, wie der
Elefant mit Haarschweif und
pappig aufgesetztem Rüssel.
Es ist das Treppenhaus für eine
Zimmerflucht, die alle Schikanen
in sich trägt, einschließlich der
Verachtung. Und die bekommt man
so maßlos untergebuttert in Gold,
Glas, Stuck, Tapeten und Gobelins.
Die Stühle der Wartenden stehen
wie zur Bastonade tonlos bereit.
Man schaudert ergriffen, wobei
rückseitig nur ein öder langer
Flur mit Kanonenöfen zum Beheizen
der Prachtzimmer einsehbar ist.
Die Kutschen kamen, wendeten
in der Empfangshalle, ein Tritt
wurde heruntergefahren, ein
rüschenbewehrter Fuß erschien ...
Jetzt ist hinter den Fenstern der
Hofgarten mit Stufen und Rundungen.

Keine der heutigen Pflanzen hat
je den Fuß gesehen, der so elegant
seine Pompons durch die kleine
Pforte schob. Dabei war es nur ein
dienstlich vorgeschriebener Antrittsbesuch.
Damals. Heute machen wir das
freiwillig im kalten Sonnenschein.
Der Main schäumt dazu an der
Mühle vorbei durch sein Traumbett.
Die Figuren auf der Brücke haben
Sehnsucht im Blick, Jahr für Jahr.

Planung

Die pfeffrige Sünde machte mir
gar nichts. Ich stand nur bis zu den
Knien im Wasser. Die Sünde lag höher.
Außerdem schien die Sonne wie
verrückt, ohne Rast. Da flirrten
die Gedanken um andere Dinge,
ein Futon zum Beispiel, dieses
flache Laken für eine lange
Nacht mit vielen Gesichtern.
Dich, die weiche Baumwolle,
hatte ich eingeplant. Doch dann
erschien ein Unbekannter und
schimpfte auf mich und den blauen
Himmel. Kleine Fische zupften
an meinen Beinhaaren, als ich
mich aufreckte. Die See lag
bewässert da und ahnte nicht,
wie tief ich schon bei dir war
im gierigen Angriff.

Ich träumte

Wenn du mich lieben
willst musst du schnell
sein, schneller als alle
vorgefassten Gedanken.
Auch die Stunde, wo der
Schwan seinen Hals beugt,
vergeht im zögernden
Frühlicht. Buchstabe um
Buchstabe öffnen sich deine
Arme bis zum entferntesten
Punkt unserer Leidenschaft,
denn auf dem Grund deiner
Augen schwimmt Zärtlichkeit,
die den Hauch der Nacht trifft.
Vielleicht versuchen wir einfach
das Leben im schwebenden
Licht, versuchen Vorhang und
Abgrund im vollen Werden.
Ermattet füllen sich deine
Augen mit Schlaf, beschützt
der Wind alle unvollendeten
Zeilen. Wie verwegene Zukunft nach
den vielen heimlichen Träumen.

So voll von dir

Nachtwind zerrt an den Knöcheln
der Bäume, und wir schwimmen
im Irrgarten der Liebe als
schweifender Stern, der uns im
Dunkeln betastet. Ich erkenne,
du legst die Kleider ab, mein
heimlicher Geliebter, breitest heiß
mit frischer Kraft die Laken
von Ebbe und Flut aus.
Dein fruchtbarer Leib verwandelt
unsere Körper in explodierende Liebe,
scheidet Gestern und Morgen aus
einer anderen Zeit. Eingerollt, im
Dämmerlicht, bist du schöner als
ein Gewitterschauer. Gemeinsam
singen wir also den Morgen, der
wie der Wind den Mais wiegt,
denn allein ich weiß, wer du bist.

Berührung

Erhoffst du dir Gegensätzliches
schlichtweg in diesen Tag hinein?
So wie Frost und grüne Blätter?
Beim Gitarrenzupfen Schulter an
Schulter legt die Berührung manchmal
den Ton der Liebe frei, diese
Drohung von verloren und aufgehoben.
Als Kind war alles Gewissheit, so
weit ich mich erinnere, zärtlich
und voll unwissender Wahrheit.
Jetzt läuft das Regenwasser über
die Traufe und tropft blutdick
in immer die gleiche Nacht.
Da wo wir sind in unserer Einsamkeit.

Elegische Blindheit

Wir haben alles
gesehen und niemand
wollte sich erinnern.
Aber was gedenkst du
zu tun
bei Lachen und Weinen
und Liderfall?
Die Lust ohne Erinnerung
ist ein Schustergeselle
ohne Leisten und Ahle.
Er zerhackt sein Leder wie
der Zufall die Zwiebelringe.
Kommen dann Tränen, beweist
der billige Glanz keine Trauer.
Es ist nur die Bündelung von
Licht, die auf dem Teller der
Uneinsichtigkeit ruht.

Kosmos

Die Straße entlang in
weniger als einer Sekunde.
Pausenlos schneit der Pegel
aus Geräuschen in dein Ohr.
Man muss dabei beachten,
dass keine Sonne scheint.
Nur dies weinerliche Getöse
der schnurrenden Reifen.

Hat das ein Ziel?

Am Morgen dehnt sich
das Land weit aus.
In den tönernen Pfützen
schwimmt ein blauer Himmel.
Zwischen Erde und Schatten
surrt eine Fliege in das
seltsame Nichts, aus dem sie kam.

Erklär mir also, wenn du
kannst, was dann sein wird.

Der Autor

Horst Leiwig, geb. 1938, ist gelernter Schriftsetzer. Nach Tätigkeiten in verschiedenen Offizinen arbeitete er als Maschinensetzer und legte seine Meisterprüfung in Ulm und Ravensburg ab. Danach erfolgte ein Wechsel in den Öffentlichen Dienst (Polizei).

Leiwig lebt in Bielefeld und schreibt Lyrik und Prosa. Er platzierte zahlreiche Veröffentlichungen in Anthologien und Literaturzeitschriften und schrieb mehrere Einzelbände: „Zum Fluge bereit“, „Schneetreiben“, „Nachtschwarz, Himmelgrau“ (chiliverlag) sowie die E-Books „Line of Types“ und „Zwischen Gestern und Morgen“.

Horst Leiwig, privat

Inhalt

wir wölfe – Gedichte
Eine poetische Hommage an unsere Tierwelt
Anthologie, Hrsg. Franziska Röchter, Juli 2016,
Mit Fotos von Heike Großmann und Christine Zeides
chiliverlag, ISBN 978-3-943292-45-9
148 Seiten, Euro 9,90

Annähernd 60 Autorinnen und Autoren, unter ihnen Michael Starcke, Peter Ettl, Esther Ackermann, Thomas Rackwitz, Sören Heim, dichten über die Vielfalt und den Artenreichtum unserer Tierwelt. Aus den Gedichten und den Fotos von Heike Großmann und Christine Zeides spricht eine große Wertschätzung gegenüber Tieren und ein Erkennen ihrer unglaublichen Einzigartigkeit sowie Bewunderung ihrer Schönheit. Mal humorvoll, zunehmend aber auch ernsthaft werden Besonderheiten einiger Tierarten und Wissenswertes poetisch beleuchtet und ihr Dasein in Relation zum Menschen bespiegelt. Mit Gedichten des Anfang 2016 verstorbenen Bochumer Lyrikers Michael Starcke.

Alex Dreppec, **Tanze mit Raketenschuhen – Dance with Rocket Shoes: Wissenschaftsgedichte – Science Slam Poetry**
chiliverlag, November 2016, ISBN 978-3-943292-50-3,
180 Seiten, 12,00 Euro

Die vorliegende Zusammenstellung von Gedichten, die sich mit wesentlichen Gebieten wissenschaftlicher Disziplinen beschäftigen, um diese durchaus humorvoll zu durchleuchten und zu hinterfragen, ist absolut einzigartig. / The present compilation of poetry, which is about essential fields of academic and scientific disciplines in order to examine and question them in a humorous way, is absolutely unique.

Teile der vorliegenden zweisprachigen Sammlung erschienen vorab in angesehenen Zeitschriften wie „Cincinnati Review", „Notre Dame Review" (USA), „Orbis" (UK) oder „Das Gedicht". www.dreppec.de / Parts of the present bilingual collection were previously printed in renowned journals like „Cincinnati Review", „Notre Dame Review" (USA), „Orbis" (UK) or „Das Gedicht" (Germany). www.dreppec.de

Auf seiner ersten CD **Fernreise** hat er ...
Gedichte vertont und interpretiert sie durch sein Klavierspiel und seine bemerkenswerte Stimme auf ganz eigene Weise.
... erstaunlich stilsicher ...
Hier ist ein Talent auf dem Sprung. *Der Bielefelder 2/2018*